U0803175

生态环境产教融合系列教材

绿色营销实务

主编：赵　佳　侯秀芳

副主编：安礼杰　尉春艳　张　岩　尹　凡

中国环境出版集团·北京

图书在版编目（CIP）数据

绿色营销实务/赵佳，侯秀芳主编．—北京：中国环境出版集团，2023.11
生态环境产教融合系列教材
ISBN 978-7-5111-5663-1

Ⅰ．①绿… Ⅱ．①赵…②侯… Ⅲ．①企业管理—市场营销学—高等学校—教材 Ⅳ．①F274

中国国家版本馆 CIP 数据核字（2023）第 208591 号

出 版 人 武德凯
责任编辑 董蓓蓓
封面设计 宋 瑞

出版发行 中国环境出版集团
（100062 北京市东城区广渠门内大街 16 号）
网 址：http://www.cesp.com.cn
电子邮箱：bjgl@cesp.com.cn
联系电话：010-67112765（编辑管理部）
010-67113412（第二分社）
发行热线：010-67125803，010-67113405（传真）
印 刷 北京中科印刷有限公司
经 销 各地新华书店
版 次 2023 年 11 月第 1 版
印 次 2023 年 11 月第 1 次印刷
开 本 787×1092 1/16
印 张 11
字 数 210 千字
定 价 39.00 元

前　言

20 世纪 90 年代以后，随着全球可持续发展战略的实施，“绿色革命”蓬勃兴起。在此背景下，企业的营销环境也发生了显著变化；绿色企业形象已成为企业赢得竞争优势的有力武器。为了进一步将绿色环境教育纳入营销管理教育，我们在参考、借鉴国内外学者研究成果的基础上进行了《绿色营销实务》教材的编写。教材共分为七个项目式章节，包括绿色营销认知训练、市场营销环境分析、市场营销调研策划、绿色消费者市场分析、市场营销战略制定、绿色营销策略制定、企业 ESG 评价体系构建等主要内容以及实训项目，重点突出了职业的整体认识和基础能力的训练。教材编写团队根据企业的实际需求，编写项目化教学的教材，让学生边进行理论学习边进行项目性的实际操作，教材注重培养学生分析问题、解决问题的实际能力，培养学生创新创业精神，为企业输送具备“绿色营销实务能力 + 绿色营销实战经验”的高素质复合型营销人才。

本教材的特色主要有以下四点：

第一，项目化操作与信息化教学为一体。本教材以项目化方式编写，每个项目都有对应的实训或案例内容，通过案例分析和实训操作，有效地激发学生学习的主动性和积极性。运用现代化信息技术进行教学，实现学生在线预习、课堂翻转，并通过线上、线下混合式教学模式，集“教、学、做”于一体，使学生熟练掌握绿色营销相关的理论和实务知识。

第二，产教融合、校企合作共建。本教材按照产教融合的思路，联合院校专业教师、校企合作企业和咨询公司营销专家共同编写，将专业建设和课程改革紧密结合，引入丰富的企业绿色营销经典案例，便于开展案例教学及为企业培养、输送高素质营销人才。其中江苏信安国际教育咨询有限公司安礼杰老师（韩国又石大学社会经济学博士）提供了大量市场调研、企业绩效、企业 ESG 评价体系等方面的相关材料，并参与了教材的编写。

第三，校企共育，强化课程产教融合力度。通过《绿色营销实务》教材的编写，深化校企合作关系，可使师生收获更多的实践知识，提高实践能力，也可使企业技术人员增长理论知识，实现理论与实践互补。另外，借助校企合作，课程补充了新理论、新技术、新创意，整合了有机食品、绿色环保设备等多个行业的案例，精心设置七个实训项目，每个项目的内容编排都按照项目式教学法进行，包括项目目的、项目任务、项目分析、项目实施、项目评价等，按照职业岗位工作过程的逻辑，以项目为载体组织教学单元，构建模块化、系列化、项目化相结合的内容体系。

第四，应用性强、受益面广。本教材可应用于应用型本科院校的市场营销、电子商务、工商管理及其他经管类专业的教学，既可以作为市场营销专业核心课程的教材，也可以作为非市场营销专业通识教育课程的教材，同时本教材还可用于企业员工的培训及自学。

本教材由河北环境工程学院赵佳、河北环境工程学院侯秀芳担任主编，由江苏信安国际教育咨询有限公司安礼杰、河北环境工程学院尉春艳、河北环境工程学院张岩、河北环境工程学院尹凡任副主编。本教材在编写过程中，得到了韩国信韩大学教授金永吉、淮阴工学院副教授徐吉霖、福建理工大学教师陈祖容等的支持和帮助，本教材的出版得到了中国环境出版集团的大力支持，在此表示感谢。

本教材编写过程中，参考了大量国内外书刊资料和业界的研究成果，在此一并表示感谢。

由于时间仓促，加之能力有限，教材中难免存在不足和疏漏之处，敬请广大读者批评指正。

编者

2023 年 11 月

目 录

项目一　绿色营销认知训练

任务导入

导入案例：曲美家具打造绿色环保新风尚

我国经济保持高速增长、人民生活品质提高成为助推家具市场快速发展的动力源泉。据了解，目前消费者在家具产品的选购上，已将环保作为第一要素，绿色环保已经成为家具企业发展的门槛。家具使用材料是否环保，不仅成为消费者挑选产品的重要标准，也成为企业在市场中生存和竞争的关键因素。而政府部门不断提高家具产品的环保标准，对家具行业生产提出更高的环保要求，也促使越来越多的家具企业加大在产品绿色环保方面的投入。

在消费者最为关注的家具油漆使用方面，曲美家具是行业内为数不多的全面使用水性漆的家具企业。水性漆是以水为稀释剂、不含有机溶剂的高标准环保涂料，无毒无味无刺激，重金属含量较低，具有耐水、耐磨、耐热等特点。水性漆的应用全面提升了曲美家具的环保水平。

除此之外，曲美家具还对生产线进行了环保升级改造，包括增加水性漆全自动喷涂生产线及配套设施（如中央除尘设施）、锅炉的改造建设等。据了解，目前曲美家具的喷涂全部采用水性漆并以全自动的方式取代人工喷涂，不仅提高了劳动生产率，而且大大减少了生产过程中油漆的损耗及挥发性有机物（VOCs）的排放；并通过加装 VOCs 尾气处理装置，采用"预处理+等离子+活性炭吸附"联合处理工艺，使得 VOCs 在最终排放端的处理效率大大提升。

与此同时，曲美家具在其他原材料选购上，建立并严格执行完备的供应商管理制度，与行业品牌企业建立了长期的战略合作伙伴关系，从源头上把好产品质量关。曲美家具坚持执行严格的环保检测标准，确保企业内部的原材料环保验收标准高于国家标准，致力于为消费者提供健康、环保、优质的家具产品。

在绿色品牌建设方面，曲美家具以“为消费者提供优质、健康、环保的家具产品”为首要原则，将产品质量控制贯穿于产品设计、原材料选择、生产制造、工厂管理、生产检测等各个环节，坚持为客户提供高质量产品，提高生活品位，营造舒心的居住环境。凭借对绿色制造、环保生产的坚持，曲美家具走出了一条独具竞争优势的绿色发展之路，受到广大消费者和市场的认可。曲美家具作为国内较早重视产品环保性能、加大环保投入的家具企业之一，目前生产环节及其产品的环保水平处于行业前列，并获得了国家“ISO 9001质量管理体系认证”和“ISO 14001 环境管理体系认证”，被授予国家“ISO 14025 环境标志国际标准Ⅲ型环境标志证书”以及“中国环境标志产品认证证书”等。在国家不断加大对家具制造业环保要求的政策背景下，曲美家具在环保建材行业方面的优势日趋凸显。

图 1-1 曲美打造绿色环保家具

资料来源：

1. 曲美家具：打造绿色环保家具新风尚。https: //www.chinanews.com.cn/house/2015/03-24/7154830.shtml。

2. 真正的环保，是共赢的！看曲美绿色发展之路_家居。(sohu.com)，https: //www.sohu.com/a/426941519_120710162。

思考分析：

1. 曲美家具是如何进行绿色营销管理的？

2. 曲美家具的绿色营销管理是否符合当前消费市场需求？

任务一　认识绿色营销

一、绿色营销的含义

（一）绿色营销的理论溯源

市场营销学作为一门独立学科始于 20 世纪初，发展到现在已有百年历史，企业的营销理念也随着时间而不断发生着演变，从传统的生产理念、产品理念、推销理念、市场营销理念发展到如今的社会营销理念、绿色营销理念等，可以说，绿色营销理念是在传统营销理念的基础上发展起来的，是对传统营销理念的继承和革新。

绿色营销理念萌芽于20世纪60年代末70年代初，英国威尔斯大学的肯·毕提（Ken Beattie）教授在他所著的《绿色营销》（*Green Marketing*）一书中，首次提出“绿色营销”理念，并将绿色营销的发展过程分为以下 3 个阶段。

1. 生态性绿色营销阶段

20世纪60年代末至80年代中期，许多西方营销学者从企业营销对生态环境的影响出发，认为许多生态环境问题的产生与企业传统的营销模式相关，提出了生态营销的概念。

2. 环境性绿色营销阶段

20世纪80年代末至90年代中期，大量研究表明，商业活动和环境密不可分，在此基础上出现了“环境性绿色营销”理念，这期间的理论研究已经涉及可持续发展、绿色消费者需求、竞争优势等理论，绿色营销理论体系初步形成。

3. 持续性绿色营销阶段

20世纪90年代末至今，以彼特和弗勒雷的研究为标志，开启了“绿色营销”新阶段，他们把“持续性绿色营销”定义为“用一种有利和可持续的方法区分、预测和满足消费者及社会需要的过程，并对其进行相应的管理，最终实现企业营销活动与生态系统相协调”。

实际上，绿色营销是人类环境保护意识与市场营销理念相结合的一种现代市场营销理念，也是实现经济可持续发展的重要战略措施。它要求企业在营销活动中，注重地球生态环境的保护，促进经济与生态的协同发展，以确保企业的永续性经营。

（二）绿色营销的定义

对于绿色营销的定义，很多学者从不同的角度进行了界定，概括起来具有代表性的观点有以下 4 种。

1．产品中心论

产品中心论认为，“绿色营销是指以产品对环境的影响作为中心点的市场营销手段”。它强调以环境保护为宗旨，从本质上改革产品的构成，以及与之联系在一起的产品的生产过程和消费后废弃物的处理方式。主要从 4 个方面考虑：第一，产品本身。为保护环境，企业要设计、生产绿色产品，即企业生产的产品无论是从生产过程到消费过程，还是从外包装到废旧后的回收都要有利于人体的健康，有利于环境的保护和改善，能够在创造企业内部经济性的同时带来社会外部经济性。第二，产品包装。产品的包装设计必须考虑对环境的影响。企业应选用对环境污染轻，甚至无污染的材料来制作包装物，并应考虑包装废弃物处理等问题。第三，产品加工过程。为了减轻对环境的污染，产品的加工过程应该符合清洁生产的标准，即尽量规避有毒、有害的原料及中间产品，减少生产过程中的各种危险性因素；采用少废、无废的工艺和高效的设备；物料循环利用；采用简便的操作和控制等。第四，倡导赞助环保的组织和事业。为了推进绿色产品的生产，实施绿色营销，必须呼吁社会尽快成立具有权威性的、与“国际绿十字会”接轨的绿色组织，承担对有关绿色知识的教育培训、宣传推广、监督控制等任务。针对不同对象采取不同方式进行教育培训，提高全社会的绿色意识；利用各种宣传工具和宣传形式，开展各种保护生态环境的活动；发动全社会的力量来促进企业增强环保意识，监督企业实施绿色营销。

2．环境中心论

环境中心论认为，“绿色营销是指企业在市场营销中要保护地球生态环境，反对污染以保持生态，充分利用资源以造福后代”，“绿色营销是以环境问题作为推进点而展开的营销实践”。这一定义的着眼点是利用绿色话题来推销产品，并不是真正意义上帮助解决环境问题。

3．利益中心论

利益中心论认为，绿色营销是为了实现企业自身利益、消费者需求、社会利益和生态环境利益的统一，而对产品和服务的观念、定价、促销和分销进行策划和实施的过程。它强调企业在实施绿色营销时，不仅要满足消费者的需求并由此获得利润，而且要符合环境保护的长远利益，正确处理消费者需求、企业利益、社会利益和生态环境利益之间的矛盾，把四者的利益协调起来，统筹兼顾。

4．发展中心论

发展中心论将绿色营销与企业的永续性经营和人类社会的可持续发展联系起来。发展中心论认为，“绿色营销是一种能辨识、预期及符合消费者与社会需求，并可带来利润及永续经营的管理过程”。

本教材将绿色营销定义为企业在整个营销过程中充分体现环保意识和社会意识，向消费者提供科学、无污染、有利于节约资源和符合良好社会道德准则的商品和服务，并采用无污染或少污染的生产和销售方式，引导并满足消费者有利于环境保护及身心健康的需求。其主要目标是通过营销实现生态环境和社会环境的保护及改善，保护和节约自然资源，实行养护式经营，确保消费者使用产品的安全、卫生、方便，以提高人们的生活质量，优化人类的生存空间。

二、绿色营销的特点

（一）综合性

绿色营销综合了市场营销理念、生态营销理念、社会营销理念和大市场营销理念的内容。市场营销理念的重点是满足消费者的需求，“一切为了顾客需求”是企业制定一切工作的最高准则；生态营销理念要求企业将市场要求和自身资源条件有机结合，发展也要与周围自然的、社会的、经济的环境相协调；社会营销理念要求企业不仅要根据自身资源条件满足消费者的需求，还要符合消费者及整个社会的目前需求及长远需求，倡导符合社会长远利益，促进人类社会自身发展；大市场营销理念在传统市场营销四要素（产品、价格、渠道、促销）的基础上添加权力与公共关系，使企业如需要成功地进入特定市场，在策略上必须协调地采用经济、心理、政治和公共关系等手段，以取得有关方面的合作和支持。绿色营销理念是多种营销理念的综合，它要求企业在满足顾客需要和保护生态环境的前提下取得利润，把三方利益协调起来，实现可持续发展。

（二）统一性

绿色营销强调环境效益、社会效益与企业经济效益的统一。企业在制定产品策略及实施战略决策时，既要考虑产品的经济效益，又要考虑社会公众的长远利益与身心健康，这样，产品才能在大市场中站住脚。人类要寻求可持续发展，就必须约束自己，尊重自然规律，实现经济、自然环境和生活质量三者之间的相互促进与协调。社会公众绿色意识的觉醒，使他们在购买产品时不仅考虑对自己身心健康的影响，也考虑对地球生态环境的影响，谴责破坏生态环境的企业，拒绝接受有害于环境的产品、服务和消费方式。只有政府、企业和消费者三者同时牢牢树立绿色意识并付诸实施，绿色营销才能蓬勃发展。

（三）无差别性

绿色标准及标志呈现出世界无差别性。尽管世界各国绿色产品的标准不尽相同，但都要求产品质量、产品生产及使用消费及处置等方面符合环境保护要求，对生态环境和人体健康无损害。

（四）双向性

绿色营销不仅要求企业树立绿色理念、生产绿色产品、开发绿色产业，还要求广大消费者购买绿色产品，自觉抵制对环境有害的产品，树立绿色理念。绿色营销也是降低资源消耗、提高经济效益的重要途径。

三、绿色营销与传统营销的差异

（一）营销理念的升华

经过近一个世纪的探索和发展，企业的营销理念已从以产品为导向发展到以人类社会的可持续发展为导向，并在此基础上提出了绿色营销理念。与传统的营销理念相比，绿色营销理念是继20世纪50年代由产品导向转向顾客导向的这一具有根本性变革基础上的又一次升华。绿色营销理念与传统营销理念的差异主要表现在以下几个方面。

1. 绿色营销理念是以可持续发展为导向的

绿色营销理念认为，企业在营销活动中，要顺应可持续发展战略的要求，注重地球生态环境保护，促进经济与生态环境协调发展，以实现企业自身利益、消费者需求、社会利益及生态环境利益的统一。首先，企业在营销中，要以可持续发展为目标，注重经济与生态的协同发展，注重可再生资源的开发利用，减少资源浪费，防止环境污染。其次，绿色营销强调消费者需求、企业自身利益、社会利益和生态环境利益四者的统一，在传统的社会营销理念强调消费者需求、企业自身利益与社会利益三者有机结合的基础上，进一步强调生态环境利益，将生态环境利益的保证看作前三者利益持久地得以保证的关键所在。

2. 绿色营销理念更注重社会利益

绿色营销理念要求企业以社会利益为中心、以全社会的长远利益为重点，要求企业在营销中不仅要考虑消费者欲望和需求的满足，而且要符合消费者和全社会的长远利益，变“以消费者为中心”为“以社会为中心”。企业一方面要搞好市场研究，不仅要调研了解市场的现实需求和潜在需求，而且要了解市场需求的满足情况，以避免重复引进、重复生产带来的社会资源浪费；另一方面要注意和竞争对手的优劣势分析，以扬长避短，发挥自身优势，提高营销效果，增加全社会的资源积累。同时，企业还要注重选择和发展有益于社会和人的身心健康的业务，放弃那些高能耗、高污染、有损人的身心健康的业务，为促进社会的发展做出贡献。

3. 绿色营销理念更注重企业的社会责任和道德

绿色营销理念要求企业在营销中不仅要考虑消费者需求和企业自身利益，而且要考虑社会利益和生态环境利益，将四个方面利益结合起来，遵循社会的道德规范，履行企业的社会责任。

（1）注重企业的经济责任

实施绿色营销的企业通过合理安排，有效利用社会资源和能源，争取以低能耗、低污染、低投入获得符合社会需要的高产出、高效益，在提高企业利润的同时，提高全社会的总体经济效益。

（2）注重企业的社会责任

企业通过绿色营销的实施，保护地球生态环境，保证人类社会可持续发展；通过绿色产品的销售和宣传，在满足消费者绿色消费需求的同时，促进全社会绿色文明的发展。

（3）注重企业的法律责任

企业实施绿色营销，必须自觉地以国际组织和目标市场所在地所制定的、包括环境保护在内的有关法律和法规为约束，规范自身的营销行为。

（4）遵循社会的道德规范

企业实施绿色营销，必须注重社会公德，杜绝以牺牲生态环境利益（如对能源的无遏制的使用、对生态环境的污染等）来获取企业的经济利益。

（二）经营目标的差异

在传统营销方式下，无论是以产品为导向还是以顾客为导向，企业经营都是以获取利润为最终目标。传统营销主要考虑的是企业利益，往往忽视了全社会的整体利益和长远利益。其研究焦点是由企业、顾客与竞争者构成的“魔术三角”，通过协调三者间的关系来获取利润。传统营销在营销活动中不注意资源的有价性，将生态需要置于人类需求体系之外，视之为可有可无，往往不惜以破坏生态环境来获得企业的最大利润。

绿色营销的目标是使经济发展目标同生态发展和社会发展的目标相协调，促进总体可持续发展战略目标的实现。绿色营销不仅考虑企业自身的利益，还应考虑全社会的利益。

企业实施绿色营销往往从产品的设计开始，贯穿生产原料的选择、包装材料和方式的采用、运输仓储方式的选用、产品消费和废弃物的处理等整个过程，时刻考虑对环境的影响，做到安全、卫生、无公害，以维护全社会的整体利益和长远利益。

（三）经营手段的差异

传统营销通过产品、价格、渠道、促销的有机组合来实现自己的营销目标。绿色营销强调营销组合中的“绿色”因素：注重绿色消费需求的调研与引导，注重在生产、消费及废弃物回收过程中降低公害，开发和经营符合绿色标志要求的绿色产品，并在定价、渠道选择、促销、服务、企业形象树立等营销全过程中考虑以保护生态环境为主要内容的绿色因素。

1．产品比较

传统营销生产经营的产品具有下列 3 个特征：

①实用性。核心产品符合消费者的主要需求。

②安全性。产品符合各种技术及质量标准。

③竞争性。产品在市场上具有竞争力而且有利于企业实现盈利目标。

而实施绿色营销的企业所生产经营的绿色产品除具有上述 3 个特征外，更重要的是其具有绿色特征，即可以从以下 4 个方面来评价产品维持环境可持续发展的可能性：

①企业在选择生产何种产品及应用何种技术时，必须考虑尽量减少对环境的不利影响。

②产品在生产过程中要考虑安全性，在消费过程中要考虑降低对环境的负面影响。

③企业设计产品及包装时，要降低原材料消耗，并减少包装对环境的不利影响。

④从产品整体概念考虑产品的设计、产品形态及售后服务，要节约资源及保护环境。

2．价格比较

传统产品的价格主要考虑的是产品的生产成本及营销费用，而绿色产品的价格还必须反映环境成本，即企业为保护环境及改善环境所支出的成本，并将这些费用计入绿色价格。

3．渠道比较

绿色渠道注重控制分销过程中对环境造成的污染，节约环境资源。首先，使用绿色通道，并应用无铅燃料及控制污染装置和使用节省燃料的交通工具。其次，降低分销过程中的浪费，即对产品处理及储存方面的技术进行革新，以减少对资源的消耗。最后，在分销环节上，简化供应环节，以减少对资源的消耗。

4．促销比较

绿色促销是通过绿色媒体传递绿色产品及绿色企业的信息，引发消费者购买绿色产品的兴趣。在绿色促销中，要运用绿色广告、绿色公关、绿色人员推销等促销手段。

此外，从影响营销的环境因素来看，传统营销受到人口环境、经济环境、自然环境、技术环境、政治环境、文化环境的制约；而绿色营销除受到以上因素的制约外，还受到环境资源政策及环境资源保护法规的约束。

四、企业绿色营销管理

（一）树立绿色营销理念

绿色营销理念是在绿色营销环境条件下企业生产经营的指导思想。传统营销理念认为，企业在市场经济条件下生产经营，应当时刻关注与研究的中心问题是消费者需求、企业自身条件和竞争者状况 3 个方面，并且认为满足消费需求、改善企业条件、创造比竞争者更有利的优势，便能取得市场营销的成效。而绿色营销理念在传统营销理念的基础上增添了新的思想内容。企业营销决策的制定必须首先建立在有利于节约能源、资源和保护自然环境的基础上，促使企业市场营销的立足点发生转移。与传统的社会营销理念相比，绿色营销理念注重的社会利益更明确地定位于节能与环保，立足于可持续发展，放眼于社会经济的长远利益与全球利益。

企业与同行竞争的焦点，不在于传统营销要素的较量、争夺传统目标市场的份额，而在于保护生态环境的最佳营销措施，并且认为这些措施的不断建立和完善，是企业实现长远经营目标的需要，它能形成和创造新的目标市场，是竞争制胜的法宝。

（二）设计绿色产品

产品策略是市场营销的首要策略，企业实施绿色营销必须以绿色产品为载体，为社会和消费者提供满足绿色需求的绿色产品。所谓绿色产品是指对社会、对环境改善有利的产品，或称无公害产品。这种绿色产品与传统同类产品相比，具有以下特征：

①产品的核心功能既要能满足消费者的传统需求，符合相应的技术和质量标准，更要满足对社会、自然环境和人类身心健康有利的绿色需求，符合有关环保和安全卫生的标准。

②产品的实体部分应减少对资源的消耗，尽可能利用再生资源。产品实体中不应添加有害环境和人体健康的原料、辅料。在产品制造过程中应消除或减少“三废”对环境的污染。

③产品的包装应减少对资源的消耗，包装的废弃物和产品报废后的残余物应尽可能成为新的资源。

④产品生产和销售的着眼点，不在于引导消费者大量消费而大量生产，而是指导消费者正确消费而适量生产，建立全新的生产、消费观念。

（三）制定绿色产品的价格

价格是市场的敏感因素，定价是市场营销的重要策略，实施绿色营销不能不研究绿色产品价格的制定。一般来说，绿色产品在市场的投入期，生产成本会高于同类传统产品，因为绿色产品成本中应计入产品的环境成本，主要包括以下 4 个方面：

①在产品开发中，因增加或改善环保功能而支付的研发经费。

②在产品制造中，因研制对环境和人体无污染、无伤害的产品而增加的工艺成本。

③使用新的绿色原料、辅料而可能增加的资源成本。

④由于实施绿色营销而可能增加的管理成本、销售成本。

但是，产品价格的上升是暂时的，随着科学技术的发展和各种环保措施的完善，绿色产品的制造成本会逐步下降，趋向稳定。企业制定绿色产品价格，一方面当然应考虑上述因素；另一方面也应注意到，随着人们环保意识的增强、消费者经济收入的增加，消费者对商品可接受的价格观念会逐步与消费观念相协调。所以，企业对绿色产品的营销不仅能使企业盈利，更能在同行竞争中取得优势。

（四）制定绿色营销的渠道策略

绿色营销渠道是绿色产品从生产者转移到消费者所经过的通道。企业实施绿色营销必须建立稳定的绿色营销渠道，策略包括以下 3 个方面：

①启发和引导中间商的绿色意识，与中间商建立恰当的利益关系，不断发现和选择热心的营销伙伴，逐步建立稳定的营销网络。

②注重营销渠道有关环节的工作。为了真正实施绿色营销，从绿色交通工具的选择、绿色仓库的建立，到绿色装卸、运输、贮存、管理办法的制定与实施，认真做好绿色营销渠道的一系列基础工作。

③尽可能建立短渠道、宽渠道，减少渠道资源消耗，降低渠道费用。

（五）搞好绿色营销的促销活动

绿色促销是通过绿色促销媒体，传递绿色信息，指导绿色消费，启发、引导消费者的绿色需求，最终促成购买行为。绿色促销的主要手段有以下 3 个方面：

（1）绿色广告

通过广告对产品的绿色功能进行定位，引导消费者理解并接受广告诉求。在绿色产品的市场投入期和成长期，通过量大、面广的绿色广告，营造市场营销的绿色氛围，激发消费者的购买欲望。

（2）绿色推广

通过绿色营销人员的绿色推销和营业推广，从销售现场到推销实地，直接向消费者宣传、推广产品绿色信息，讲解、示范产品的绿色功能，回答消费者的绿色咨询，宣讲绿色营销的各种环境现状和发展趋势，刺激消费者的消费欲望。同时，通过试用、馈赠、竞赛、优惠等策略，引导消费兴趣，促成购买行为。

（3）绿色公关

通过企业的公关人员参与一系列公关活动，诸如发表文章、演讲、播放影视资料、社交联谊、参与和赞助环保公益活动等，广泛与社会公众进行接触，增强公众的绿色意识，树立企业的绿色形象，为绿色营销建立广泛的社会基础，促进绿色营销的发展。

任务二　绿色营销思维训练

案例分析：沃尔玛绿色营销启示

随着低碳环保时代的来临，实施绿色营销可提升企业自身形象并赢得消费者认可。零售企业作为市场流通中的关键环节，在企业内部营造“绿色文化”氛围，降低资源消耗，有利于促进员工身心健康，提高工作积极性。从企业外部来看，大力推行绿色营销，可以将企业利益与社会利益统一，提升企业整体形象，使企业在竞争中处于优势地位。零售企业虽然不涉及生产制造业的污染物的产生和排放，但凭借其在销售环节中的地位，依然有必要建立起绿色使命，以永续发展作为宗旨。

在全球环保风暴的席卷下，以沃尔玛为代表的国际零售巨头不再一味追求低价策略，同竞争对手打“价格战”，而是将节能环保理念融入企业供应链和业务发展的各个环节，向绿色转型，走可持续发展道路，以实现长期发展并提高公司利润。沃尔玛早在 2005 年就制定了“可持续发展”战略，在 20 年内实现 100%使用可再生能源、实现“零”浪费和出售利于资源和环境的无害商品三大目标。从推广绿色产品、节能减排、控制使用塑料袋到绿色采购计划等，沃尔玛正在树立绿色企业形象，为积极实施绿色营销而不断努力。

在绿色营销战略的指引下，沃尔玛整合原有供应链，打造绿色供应链，最大限度地减少对环境的污染。沃尔玛要求全球供应商必须在供应合同里提供其产品符合环保标准和遵守当地环境法律法规的证明。对于遵守并认同沃尔玛可持续发展战略的供应商给予更高的采购价格。除此以外，沃尔玛全球采购部在中国实施了“模范工厂”项目和记分卡制度。

具体是先由供应商就其废气、废水、固体废物情况，填写一份由沃尔玛制定的评价标准单，然后由沃尔玛全球采购办公室的人员深入工厂考察其环保生产体系，包括废气排放、废水处理和有毒有害物质及危险废物处理等，据此评估该供应商是否合格。这一采购计划作为“绿色过滤器”，凭借沃尔玛的影响力，使供应商感到压力，有了危机感。根据这个采购计划，沃尔玛在环保、节能、产品安全、社会责任等方面对供应商作出具体要求。这表明沃尔玛的绿色采购计划不局限于产品本身，还包括产品的整个生产过程。

另外，国外信息技术发达是其零售业发展绿色营销的优势之一，它促进了绿色供应链的有效实施。沃尔玛很早就意识到信息共享对零售企业的重要性，在信息设备购置和系统建设方面一直走在同行业的前列，早在 1974 年就开始在分销中心和各商店使用计算机进行库存管理，1984 年开发出使每一家商店按照自身市场环境和销售类型制定营销产品组合的软件系统。20 世纪 80 年代，沃尔玛花费 4 亿美元从休斯公司购买了一颗商业卫星，建立了全球卫星系统，从而拥有了世界上最大的民用数据库，使得全球连锁店在同一时间共享同样的信息，保证其 5 000 多家连锁店共同发展，避免了资源浪费。2002 年 10 月，沃尔玛与 IBM 合作，将全球数千家供应商纳入以互联网为基础的标准化体系，充分利用互联网传递相关信息，使之成为零售企业、供应商与分销商传递信息的重要手段。

以沃尔玛和宝洁公司的合作为例，两家公司通过卫星和 EDI（电子数据交换）实现计算机联网，宝洁公司可以快速知晓产品在沃尔玛各连锁店的销售量、价格和库存等信息，并根据这些信息制订合理的生产计划及控制库存。供应商的成本降低、利润提高成为愿意接受沃尔玛低价的主要原因，也促进了供应链的绿色化发展。

在产品包装方面，沃尔玛在 2006 年 9 月就鼓励全球 6 万多家供应商推行绿色包装，减少包装材料的能源消耗。据沃尔玛测算，此举不仅对环境保护做出了巨大的贡献，还可为供应商和沃尔玛带来巨大回报，沃尔玛自身供应链节省成本 34 亿美元，全球供应链节省 110 亿美元。与此同时，沃尔玛也在全球范围内为减少塑料购物袋的使用而做出了巨大的努力。在加拿大，2010 年沃尔玛通过提供环保袋并改善回收塑料袋条件，减少了 15% 的塑料袋的耗费。在中国，沃尔玛开展多种形式的社区活动，推广环保袋的使用，并在店内为消费者提供 15 种样式的有偿使用的环保袋。在巴西，2004—2009 年这 5 年，通过“每袋多放一样”项目减少 20%的塑料购物袋使用。

沃尔玛也致力于自身经营和消费者购物环境的节能减排措施的改进和尝试。主要是：在照明系统方面，普通照明、食品柜和冰柜等广泛使用 LED 灯，客流量低的地方安装动态感应器和定时器等设备，减少照明时间；在空调系统方面，使用变频技术，采用混合新风系统设计，在保证消费者舒适的前提下，人工调节空调温度；在冷冻系统方面，采用冷冻系统压缩机变频、蒸发式冷凝器和冷库架空层设计；在用水方面，以自然解冻替代流水解冻，对生鲜产品严格控制覆冰率，并在鲜食部门安装水表以监督用水量；此外，使用能源 EMS 管理系统调整和优化能源设备的运行参数，更科学有效地利用能源。

仅在照明用电方面，2005—2008 年 3 年间，沃尔玛投资 1 700 万美元与通用电气合作开发了冰箱 LED 照明系统，每年可节约成本 1 300 万美元，沃尔玛还注意到配送中心的能耗极大。中国嘉兴的沃尔玛配送中心采用阳光墙、太阳能热水器系统等多项先进的节能措施，每年节电约 715 kW· h，减少 CO_2 排放量约 679 t，相当于一个普通中国家庭大概 3 018 个月的排放量。

沃尔玛积极与环保公益组织合作，帮助企业认识到企业运营对保护人类环境的重要性。比如，2007 年 1 月，沃尔玛邀请保护国际企业环境领导力中心专家迈克尔 · 陶顿进行环保主题宣讲，并对珠江三角洲地区的部分供应商进行深入访谈，就减少废物排放、改进包装和节能等方面进行广泛交流。2008 年 4 月，沃尔玛携手可口可乐公司、全球瓶罐包装制造企业 Ball Asia 公司和保护国际在中国的代理机构——山水自然保护中心，在北京、上海、广东等地试点发起"瓶罐可回收项目"，引导消费者将使用过的铝质罐或塑料罐投入沃尔玛试点店的特制回收箱内，沃尔玛收集并发货给 Ball Asia 公司重新制作包装瓶或罐，并以每个 9 分钱的计价将所得捐给山水自然保护中心用于植树造林等环保项目。

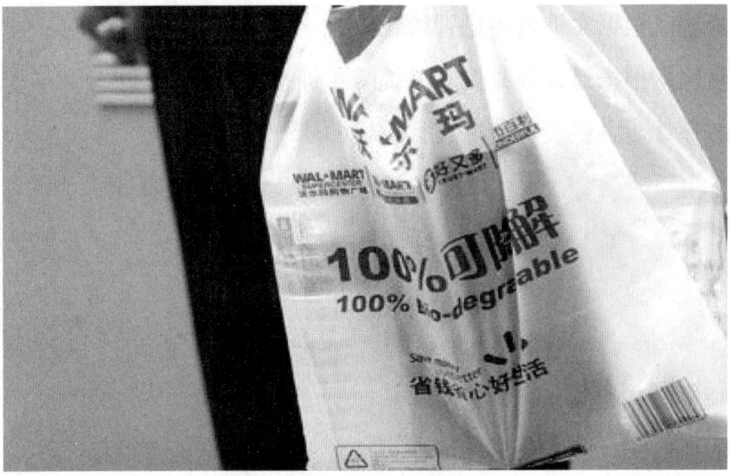

图 1-2 沃尔玛绿色包装

资料来源：http: //www.linkshop.com/web/ShopBell_Info_print.aspx？nbr=17249。

分析训练：

1．试分析沃尔玛在绿色营销管理方面做了哪些努力。

2．试分析沃尔玛绿色供应链的建设有哪些好处。

任务三　企业绿色营销管理实训

1. 实训目标

（1）培养学生对绿色营销形成基本的认知。

（2）培养学生运用科学的绿色营销理念，分析绿色营销活动的本质。

（3）培养学生掌握绿色营销管理方法。

2. 内容与要求

自由选取一家企业，对企业的绿色生产环境、绿色营销理念、绿色营销管理等情况进行分析。

3. 组织与实施

（1）以项目团队为学习小组，选出项目负责人。

（2）建立沟通协调机制，团队成员共同参与、协作完成任务。

（3）小组成果展示介绍（包括组内成员的工作态度、组内合作程度、工作流程、成果质量的评价）（每组 4～5 分钟）。

4. 评价与总结

（1）各项目团队根据实训内容进行讨论。

（2）各项目团队根据讨论结果撰写并提交实训报告。

（3）授课教师针对各组实训情况进行评价。

项目二　市场营销环境分析

任务导入

导入案例：茶饮八角亭，健康伴您行

中国是茶叶的发源地，是世界上最早发现、繁育、栽培茶树，加工、利用茶叶的国家，也是世界上最大的茶叶生产国、消费国和贸易国之一。现代医学研究证明，茶叶内所含的多种化合物，其中有些是人体所必需的，如维生素类、氨基酸、矿物质元素等，它们对人体有较高的营养价值。茶叶的功效有降脂降压、消炎灭菌、解毒醒酒等。

在“十三五”收官、“十四五”开局的时期，各省（区、市）多次提到茶产业，“十四五”期间将做精做强特色优势产业，建设茶叶等特色农产品专业电商平台。近年来，我国政府出台了一系列政策支持和鼓励茶产业发展。2020 年 6 月，农业农村部发布《关于促进贫困地区茶产业稳定发展的指导意见》，加快贫困地区茶产业发展转型升级，促进产业布局更加优化、产品特色突出、效益切实提高，助力贫困地区脱贫致富、乡村振兴。

提起普洱茶，有一个绕不开的品牌就是“八角亭”。“八角亭”全称为勐海八角亭茶业有限公司，为云南农垦集团下属的茶叶生产企业，坐落于云南省西双版纳勐海县勐遮镇，其前身为创立于 1964 年的黎明茶厂。黎明茶厂选择“八角亭”作为品牌商标，是因为“八角亭”具有特殊寓意。“八角”在传说中代表佛祖身边的八大高僧，对于黎明茶厂而言，“八角”则用以指代世界各地的茶叶爱好者。以优质普洱茶为媒介吸引四面八方志同道合的普洱茶友，便是“八角亭”的品牌愿景之一。“八角亭”实实在在做茶，始终深耕勐海茶区，在工艺和原料上提供双重保障，一直坚持“产品为王”的理念，生产了无数经典的茶叶，如早春银毫、黎明普洱等。近年来“八角亭”还推出了有机茶，也备受茶友喜爱。而且“八角亭”多次荣获“中国普洱茶十大知名品牌”“十大最受欢迎茶叶品牌”“中国普洱茶十大畅销品牌”称号。“八角亭”茶业还连续获得“绿色食品”、ISO 9001、HACCP 和云茶品牌（YC）

4 项认证，以及“云南名牌农产品”“云南名牌产品”“云南省著名商标”等荣誉。

作为一家老国有企业，也是全国唯一一家普洱国企，岁月给“八角亭”留下的不仅仅是厚重的历史，更是永恒的追求品质的心。“八角亭”始终秉持“实实在在做茶、做消费者依赖的茶”的信念，为广大消费者提供高品质绿色健康普洱茶饮品和优质服务。“八角亭”的绿色理念及发展战略，开启了茶饮行业绿色连锁效应，同时也让茶行业消费市场对于茶叶的品质有了更高质量的追求。

云南农垦集团勐海八角亭茶业有限公司的绿色营销策略主要有以下几个侧重点：

第一，注重茶叶的质量，与央视合作。一直以来“八角亭”始终坚持在勐海茶区采集茶叶，并利用先进的工艺技术为广大消费者生产健康有机的绿色茶叶，更是通过与央视合作来更好地打造绿色茶叶产品链。“实实在在做茶、做消费者依赖的茶”的企业理念，让“八角亭”这一品牌拥有了长久可持续的发展，也为中国的茶饮行业做出了突出的贡献。

第二，通过互联网，搭建绿色食品电商平台。随着互联网技术的快速发展，近年来直播带货已经成为一种新潮的营销方式。勐海八角亭茶业有限公司紧紧抓住数字经济快速发展的机遇，实现从传统营销到电子商务模式的转型，搭建“云垦优选”绿色食品电商平台，建设绿色食品体验数字中心，通过互联网对“八角亭”茶叶以及其他 40 多种绿色产品进行营销推广。

第三，构建产业链，打造绿色品牌。作为一家生产经营普洱茶的国有茶企，“八角亭”肩负着云南省委、省政府的殷切期望，近年来，集团紧紧围绕云南省委、省政府打造“绿色食品牌”的战略部署，聚焦绿色发展，构建绿色食品产业“从田间到餐桌”的全产业链贯通发展，茶业集团以与央视合作为契机，积极提升产品创新能力，夯实企业文化建设，加大产品宣传力度，精心打造“八角亭”“嘉木”两张“绿色食品牌”，让“八角亭”茶叶走出云南、走向全国。

图 2-1　茶饮八角亭，健康伴您行——普洱茶

资料来源：

1. 八角亭：茶饮八角亭，健康伴您行_普洱（sohu.com），https: //www.sohu.com/a/369693023_250209。

2. 八角亭：茶饮八角亭，健康伴您行_大益普洱茶行情专家（donghetea.com），https: //donghetea.com/article.php? id=1007。

思考分析：

1."八角亭"这一品牌始终位列茶行业前茅的原因是什么？

2."八角亭"的营销策略对其他茶叶品牌的启示作用有哪些？

3. 为什么央视会选择与云南农垦集团勐海八角亭茶业有限公司合作？

任务一 了解市场营销环境

一、市场营销环境构成

任何企业都是社会大环境中的一分子，都不可能脱离社会环境而独立生存，尤其是新成立的企业，必须先研究其赖以生存的营销环境，才能真正做到适者生存。而对赖以生存的营销环境的研究包括宏观环境因素的分析、微观环境因素的分析、在具体环境中存在的市场机会与面临的风险的分析，只有对环境有充分的认识，企业才有正确的航向。

宏观环境因素与微观环境因素共同构成多因素、多层次、多变的企业市场营销环境的综合体，如图 2-2 所示。

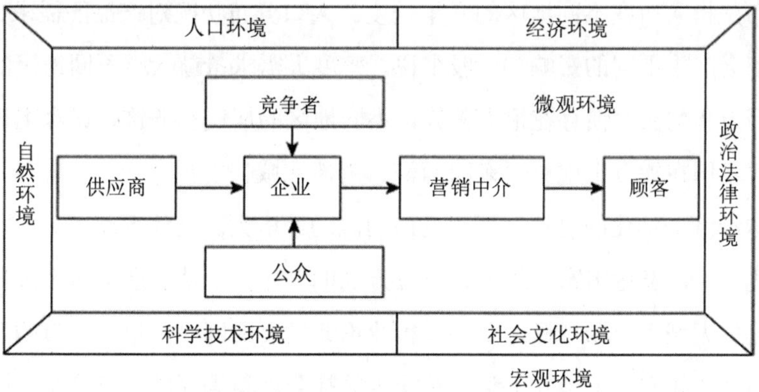

图 2-2 市场营销环境构成模型

二、宏观环境

企业的宏观环境（macro environment）是指间接影响企业营销活动的、难控制的、较大的社会力量，主要是人口、经济、政治法律、社会文化、科学技术和自然等因素。宏观环境一般以微观环境为媒介间接影响和制约企业的营销活动，在特定场合也可直接影响企业的营销活动。宏观环境被称为间接营销环境。宏观市场营销环境是能给企业经营带来市场机会和环境威胁的各种社会力量的总和，它是企业不可控制的因素。

（一）人口环境

人口是构成市场的第一位因素。市场是由有购买欲望同时又有支付能力的人构成的，人口的多少直接影响市场的潜在容量。从影响消费需求的角度，对人口因素可做如下分析。

1. 人口规模与增长速度

人口规模影响市场容量，增长速度影响未来市场的增长情况。世界人口环境正发生明显的变化，主要趋势为：全球人口持续增长，人口增长首先意味着人民生活必需品的需求增加；美国等发达国家人口出生率下降，而多数发展中国家出生率上升，90%的新增人口在发展中国家。

2. 人口结构

人口结构包括年龄结构、性别结构、家庭结构、民族结构、教育程度结构。这些都会对市场产生影响。

3. 人口的地理分布及区间流动

地理分布是指人口在不同地区的密集程度。人口分布状况对产品的需求、促销方式、分销渠道等都会产生不同的影响。一般来说，密度大需求量就大。不同地区的人们的消费需求、购买行为和购买习惯存在很大差异，不同地区的居民在服饰、饮食上也存在不同的偏好。例如，我国在饮食上就有“东甜西辣、南淡北咸”之说。

由于全球经济一体化的迅速发展，人口的流动性增大。具体表现在：一是发展中国家人口流向发达国家。发达国家汇集了大量各方面的人才。二是发展中国家大量农村人口流向城市，这在扩大城市市场规模、促进零售业迅速发展的同时，也为城市的发展带来新的课题、新的挑战，如农民工子女上学、农民工的社会保障等问题。三是发达国家或地区的人口从城市流向郊区。由于城市日益拥挤，污染严重，在交通发达的今天，许多人纷纷从城市迁往郊区，于是在大城市的郊区出现了现代化的购物中心。

（二）经济环境

经济环境是指影响企业市场营销方式的经济因素，包括消费者收入、消费者支出、物价水平、居民储蓄和消费信用等因素。其中消费者收入水平是影响企业市场营销的最重要经济因素。

处在不同经济发展阶段的目标市场，呈现出不同的市场需求和消费方式。经济发展阶段的高低会直接或间接影响企业的市场营销。就消费品市场而言，经济发展阶段高的国家，在重视产品基本功能的同时，也比较强调产品的款式、品质和特色等，会进行大量的广告宣传和销售推广活动，非价格竞争比价格竞争更占优势；而经济发展阶段低的国家，则比较侧重于产品的基本功能和实用性，以价格竞争为主要竞争方式。企业的市场营销，必须从基本国情出发，制定相应的市场营销目标和策略。

1. 收入因素

收入因素包括人均国民收入、个人收入、个人可支配收入、个人可任意支配收入和消费者实际收入等衡量指标。

2. 消费者储蓄和信贷情况

消费者的购买力还受到储蓄和信贷的直接影响。

3. 消费支出模式的变化

消费支出模式的变化是指支出结构和需求结构的变化，这对市场分析有着重要的意义。消费支出模式主要受消费者收入的影响。随着消费者收入的变化，消费支出模式会发生相应的变化。

恩格尔定律是西方经济学家关于食品开支与家庭总收入关系的定律：随着居民收入的增加，用于食品的支出比重会越来越小，即恩格尔系数是递减的。德国经济学家和统计学家恩格尔（Ernst Engel，1821—1896）于1857年在研究英国、法国、德国、比利时等国家工人家庭收支预算数据资料的基础上首先提出这一论点，美国统计学家赖特（Carrol Davidson Wright，1840—1909）于1875年在此基础上提出了“恩格尔定律”。食品支出金额与家庭消费支出总额之比称作恩格尔系数。用公式表示：

$$\text{恩格尔系数}=\frac{\text{食物支出金额}}{\text{家庭消费支出总额}}$$

恩格尔系数越小，说明生活越富裕；反之，说明生活水平越低。一般将恩格尔系数小于0.5作为生活达到富裕水平的标准。恩格尔定律指出：随着家庭收入增加，用于购买食品的支出占家庭收入的比重会下降；随着家庭收入增加，用于住宅和家务经营的支出占家庭收入的比重大体不变（燃料、水电、冷藏等支出占家庭收入的比重会下降）；随着家庭收入增加，用于其他方面（如服装、交通、娱乐、卫生保健、教育）的支出和储蓄占家庭收入的比重会上升。

（三）政治法律环境

在任何社会制度下，企业的营销活动都必定要受到政治环境与法律环境的约束。

1. 政治环境

政治环境是指影响企业市场营销活动的各种政治因素，如政治体制及其方针政策、政治局势的稳定性与政策的连续性、国与国之间的关系等。

国内政治环境包括党和政府的各项方针、路线、政策的制定和调整对企业市场营销的影响。企业要认真进行研究，领会其实质，了解和接受国家的宏观管理，并且要随时了解和研究不同阶段的具体方针和政策及其变化的趋势。

国际政治环境一般分为政治权力和政治冲突两部分。随着经济的全球化发展，我国企业对国际营销环境的研究越来越重视。政治权力指一国政府通过正式手段对外来企业权利予以约束，包括进口限制、外汇控制、劳工限制、国有化等方面。政治冲突主要指国际上重大事件和突发性事件对企业营销活动的影响。

2. 法律环境

法律环境是指国家或地方政府颁布的各项法律、法规、法令和条例等。法律环境对市场消费需求的形成和实现具有一定的调节作用。企业研究并熟悉法律环境，既可保证自身严格依法管理和经营，也可运用法律手段保障自身的权益。各个国家的社会制度、经济发展阶段和国情不同，体现的法制也不同，从事国际市场营销的企业，必须对有关国家的法律制度和有关的国际法规、国际惯例和国际准则进行学习研究并在实践中遵循。

国内涉及营销活动的主要法律有以下几部：《中华人民共和国产品质量法》《中华人民共和国食品安全法》《中华人民共和国合同法》《中华人民共和国商标法》《中华人民共和国价格法》《中华人民共和国反不正当竞争法》《中华人民共和国广告法》《中华人民共和国消费者权益保护法》《中华人民共和国专利法》。

（四）社会文化环境

社会文化环境是指由风俗习惯、语言文字、宗教信仰、价值观念、教育程度和职业等因素构成的环境。

1. 风俗习惯

世界范围内不同国家或国家内的不同民族在居住、饮食、服饰、礼仪、婚丧等物质文化生活方面各有特点，形成风俗习惯的差别。

2. 语言文字

由于语言文字在不同国家或地区在表达上具有差异性，因此一个企业品牌名称的使用必须选择国际市场乐于接受的语言文字，否则会造成不可估量的损失。例如，宝洁公司向法国推销“Cue”牌产品时，遭到审批官的白眼，因为“Cue”在法语中含有色情的意思；啤酒（Cerveza）在西班牙语中是一个与女性有关的名词，因此西班牙人没有把百威啤酒翻译为“啤酒国王”而是翻译为“啤酒女王”，因而百威啤酒在西班牙失去大部分男性消费者。

3. 宗教信仰

宗教是影响人们消费行为的重要因素之一，不同的宗教在思想观念、生活方式、宗教活动、禁忌等方面各有其特殊的传统，这些都直接影响一个群体的消费习惯和消费需求。例如“指南针地毯”的问世。指南针和地毯本是风马牛不相及的两件东西，一个比利时商人却把它们结合起来，从而赚了大钱。因为在阿拉伯国家，虔诚的穆斯林每日祈祷，无论是在家还是在旅途中，都守时不辍。穆斯林祈祷的一大特点是祈祷者一定要面向圣城麦加。一个名叫范德维格的比利时地毯商聪明地将扁平的指南针嵌入祈祷地毯。指南针指的不是正南、正北，而是麦加的方向。新产品一经推出，在有穆斯林居住的地区立即成了抢手货。

4. 价值观念

价值观念是指人们对于事物的评价标准和崇尚风气，其涉及面较广，对企业营销影响深刻。它可以反映在不同的方面，如阶层观念、财富观念、创新观念、时间观念等，这些观念方面的差异无疑形成了企业不同的营销环境。

除此之外，社会文化环境还包含语言、社会结构、社会道德风尚等多方面的因素。值得指出的是，社会文化环境虽具有独特的民族性、区域性，是民族历史文化的延续和发展，但也不可否认，随着经济生活的国际化、世界文化交流的加深和不同民族、地区间文化的相互渗透，企业所面临的社会文化环境也在不断发生变化，企业应善于把握时机，及时制定相应的营销决策。

（五）科学技术环境

科技是第一生产力，科技的发展对经济发展有巨大的影响，不仅直接影响企业内部的生产和经营，还与其他环境因素互相依赖、互相作用，给企业营销活动带来有利与不利的影响。具体体现在以下几个方面。

1. 产品生命周期缩短

科学技术的发展日新月异，新的技术、新的发明层出不穷，产品从发明创新进入市场，到被更新的产品淘汰退出市场的周期不断缩短。产品生命周期的缩短，一方面，加速了新产品上市的竞争，使很多企业被迫增加技术开发投入；另一方面，企业的产品营销周期也必须大大缩短，在成本核算、价格制定和营销策略上要顺应这种短周期的特点。

2. 技术革命极大地促进经济的增长

技术革命导致新技术、新材料、新产品不断涌现，丰富了市场的供给。尤为重要的是，科学技术的发展必然促进产业结构的不断变革，由低层次的劳动密集型产业向更高一级的资本密集型、技术密集型及高精尖产业结构升级，由第一产业、第二产业向第三产业推进。这一过程既为企业提供了新的发展契机，也使某些行业的企业面临被淘汰的威胁，从这个角度来讲，科学技术是一种“创造性的破坏力量”。

3. 消费模式和生活方式的变革

技术革命的发展，不仅会导致新产业部门的出现，而且会促使市场需求大幅上升，也必然会导致消费者结构、市场需求结构发生变化，最终改变人们的消费模式和生活方式。例如，电子计算技术的发展使人们舍弃了传统的笔算和珠算，甚至在日常生活中也逐渐离不开电子计算机和微型计算器。这些生活方式的变革，企业如果深刻认识并主动采取与之相适应的营销策略，就有很大可能获得成功。所以，企业在组织市场营销时，必须深刻认识和把握科学技术发展引起的社会生活和消费的变化，看准营销机会，积极采取行动，尽量避免科技发展给企业造成的威胁。

（六）自然环境

近年来，由于企业的经营活动侧重于追求经济利益而忽略了对生态环境的保护，出现大量掠夺式的采矿、森林滥伐、工业废气、废弃广告牌和其他废弃物等严重问题，破坏了我们赖以生存的环境，生态系统失衡的状况日益加剧。

这种情况日益引起相关人士（尤其是环境保护主义者）的关注，他们草拟了各种法案来保护环境，也呼吁生产者和消费者在其决策过程中，要考虑环境成本，遵循生态原则。这一切必然会制约和限制企业的某些经营活动，企业的营销策略和目标的确定也必然面临生产、消费、资源、生态平衡等各方面的权衡和选择。

三、微观环境

企业的微观环境（micro environment）是指对企业服务其顾客的能力构成直接影响的

各种力量，包括企业、供应商、营销中介、顾客、竞争者和公众。营销活动能否成功，除营销部门本身的因素外，还要受这些因素的直接影响。微观营销环境是直接制约和影响企业营销活动的因素。分析微观营销环境的目的在于更好地协调企业与这些相关群体的关系，促进企业营销目标的实现。

（一）企业

企业开展营销活动要充分考虑企业内部的环境力量和因素。企业是组织生产和经营的经济单位，是一个系统组织。企业内部一般设立计划、技术、采购、生产、营销、质检、财务、后勤等部门。企业内部各部门的工作及其相互之间的协调关系，直接影响企业的整个营销活动。

销售部门与企业其他部门之间有多方面的合作，但也经常与生产、技术、财务等部门发生矛盾。由于各部门的工作重点不同，有些矛盾往往难以协调。例如，生产部门关注的是长期生产的定型产品，要求品种规格少、批量大、订单标准、较稳定的质量管理；而营销部门注重的是能适应市场变化、满足目标消费者需求的“短、平、快”产品，要求品种规格多、批量小、订单个性化、特殊的质量管理。所以，企业在制订营销计划、开展营销活动时，必须协调和处理好各部门之间的矛盾和关系。

（二）供应商

供应商是指对企业进行生产提供特定原材料、辅助材料、设备、能源、劳务、资金等资源的供货单位。这些资源的变化直接影响企业产品的产量、质量和利润，从而影响企业营销计划和营销目标的完成。供应商对企业营销的影响作用有以下 3 点。

1. 供应的及时性和稳定性

原材料、零部件、能源及机器设备等货源的保证供应，是企业营销活动顺利进行的前提。例如，棉纺厂不仅需要棉花等原料来进行加工，还需要设备、能源作为生产手段与要素，任何一个环节的供应出现问题，都会导致企业的生产活动无法正常开展。为此，企业为了在时间上和连续性上保证得到货源的供应，就必须与供应商保持良好的关系，必须及时了解和掌握供应商的情况，分析其状况和变化。

2. 供应的货物价格变动

供应的货物价格变动会直接影响企业的生产成本。如果供应商提高原材料价格，必然会带来企业的生产成本增加，生产企业如提高产品价格，会影响市场销路；如果价格不变，则会减少企业的利润。为此，企业必须密切关注和分析供应商的货物价格变动趋势。

3. 供货的质量保证

供应商能否供应质量有保证的生产资料会直接影响企业产品的质量，进一步会影响企业的销售量、利润和信誉。例如，劣质葡萄难以生产质优葡萄酒，劣质建筑材料难以保证建筑物能使用百年。为此，企业必须了解供应商的产品，分析其产品的质量标准，从而保证自己的产品质量，赢得消费者、赢得市场。

（三）营销中介

营销中介是指为企业营销活动提供各种服务的企业或部门的总称。营销中介对企业营销产生直接的、重大的影响，只有通过有关营销中介提供的服务，企业才能把产品顺利地送到目标消费者手中。营销中介的主要功能是帮助企业推广和分销产品。营销中介分析的主要对象有以下 4 个。

1. 中间商

中间商是指把产品从生产者流向消费者的中间环节或渠道，主要包括批发商和零售商两大类。中间商对企业营销具有极其重要的影响，能帮助企业寻找目标顾客，为产品打开销路，为顾客创造地点效用、时间效用和持有效用。一般企业都需要与中间商合作，以完成企业营销目标。为此，企业需要选择适合自己营销活动的合格中间商，必须与中间商建立良好的合作关系，必须了解和分析其经营活动，并采取一些激励性措施来推动其业务活动的开展。

2. 营销服务机构

营销服务机构是指在企业营销中提供专业服务的机构，包括广告公司、广告媒介经营公司、市场调研公司、营销咨询公司、财务公司等。这些机构对企业的营销活动会产生直接的影响，它们的主要任务是协助企业确立市场定位、进行市场推广等。一些大企业或公司往往有自己的广告和市场调研部门，但大多数企业则以合同方式委托这些专业公司来处理有关事务。为此，企业需要关注、分析这些服务机构，选择最能为本企业提供有效服务的机构。

3. 物资分销机构

物资分销机构是指帮助企业进行物资保管、储存、运输的物流机构，包括仓储公司、运输公司等。物资分销机构的主要任务是协助企业将产品实体运往销售目的地，完成产品空间位置的变动。到达目的地之后，产品还有一段待售时间，需要协助保管和储存。这些物流机构是否安全、便利、经济，直接影响企业的营销效果。因此，在企业营销活动中，必须了解和研究物资分销机构及其业务变化动态。

4. 金融机构

金融机构是指在企业营销活动中进行资金融通的机构，包括银行、信托公司、保险公司等。金融机构的主要功能是为企业营销活动提供融资及保险服务。在现代社会中，任何企业都要通过金融机构开展经营业务往来。金融机构业务活动的变化还会影响企业的营销活动，例如，银行贷款利率上升会使企业成本增加；信贷资金来源受到限制会使企业经营陷入困境。

（四）顾客

顾客是指使用进入消费领域的最终产品或劳务的消费者和生产者，也是企业营销活动的最终目标市场。顾客对企业营销的影响程度远超过前述的各种环境因素。顾客是市场的主体，任何企业的产品和服务，只有得到了顾客的认可，才能赢得市场，现代营销强调把满足顾客需要作为企业营销管理的核心。从市场营销的角度来划分，市场可以分为以下 5 种。

1. 消费者市场

消费者市场是指为满足个人或家庭消费需求购买产品或服务的个人和家庭。

2. 生产者市场

生产者市场是指为生产其他产品或服务，以赚取利润而购买产品或服务的组织。

3. 中间商市场

中间商市场是指购买产品或服务以转售，从中盈利的组织。

4. 政府市场

政府市场是指购买产品或服务，以提供公共服务或把这些产品及服务转让给其他需要的人的政府机构。

5. 国际市场

国际市场是指国外购买产品或服务的个人及组织，包括外国消费者、生产者、中间商和政府。

上述 5 类市场的顾客需求各不相同，要求企业以不同的方式提供产品或服务，他们的需求、欲望和偏好直接影响企业的营销目标能否实现。为此，企业要注重对顾客进行研究，分析顾客的需求规模、需求结构、需求心理和购买特点，这是企业营销活动的起点和前提。

（五）竞争者

竞争者是指提供相同或类似的产品和服务，直接或间接地与公司争夺顾客的机构和个人。在商品经济条件下，任何企业在目标市场进行营销活动时，都会不可避免地遇到竞争对手的挑战。即使在某个市场上只有一家企业在提供产品或服务，没有“显在”的对手，也很难断定在这个市场上没有潜在的竞争企业。

企业竞争对手的状况将直接影响企业营销活动。如竞争对手的营销策略及营销活动的变化会直接影响企业营销，最为明显的是竞争对手的产品价格、广告宣传、促销手段的变化，以及产品的开发、销售服务的加强都将直接对企业造成威胁。为此，企业在制定营销策略前必须先明确竞争对手，特别是同行业竞争对手的生产经营状况，做到知己知彼，有效地开展营销活动。竞争者的类型主要有以下 4 种。

1．愿望竞争者

愿望竞争者是指提供不同产品、满足不同需求的企业与个人。例如，消费者的收入是有限的，而在同一时限下是购买汽车、住宅，还是旅游、娱乐等，出现了不同需求品之间的竞争。

2．一般竞争者

一般竞争者是指提供满足同种需要的不同产品的企业或个人。消费者会在确定目前需求的基础上进一步判定选择，即“采取什么方法能满足这一欲望”。能满足同一需求的不同产品有许多。例如，自行车、摩托车和小轿车都可以用来作为交通工具，这三种产品的生产经营者之间存在竞争关系。

3．产品形式竞争者

产品形式竞争者是指提供同种但不同规格、型号和款式产品的企业和个人。消费者在满足同一需求的产品中进一步选择某一类产品。例如，在自行车选购过程中，会有同种产品但不同规格、型号、款式的竞争产品，如自行车有“28”“26”“24”等型号，有男式、女式等款式，有三速、五速、十速等不同车速。

4．品牌竞争者

品牌竞争者是指提供相同规格、型号但不同品牌产品的企业和个人。消费者选购商品或服务时会面临品牌的抉择，市场上有相同规格、型号的产品，但品牌不同。例如，彩色电视机有“长虹”“康佳”“海尔”“松下”“索尼”“TCL”等品牌。

（六）公众

公众是与企业营销活动发生关系的各种群体的总称。公众对企业的态度会对其营销活动产生巨大的影响，其可能有助于企业树立良好的形象，也可能妨碍企业的形象。所以企业必须处理好与公众的关系，争取获得公众的支持和偏爱，为自己营造和谐、宽松的社会环境。公众分析的对象主要有以下 6 种。

1. 金融公众

金融公众主要包括银行、投资公司、证券公司、股东等，它们对企业的融资能力有重要的影响。

2. 媒介公众

媒介公众主要包括报纸、杂志、电台、电视台等传播媒介，它们掌握传媒工具，有着广泛的社会联系，能直接影响社会舆论对企业的认识和评价。

3. 政府公众

政府公众主要指与企业营销活动有关的各级政府机构部门，它们所制定的方针、政策对企业营销活动或是限制，或是机遇。

4. 社团公众

社团公众主要指与企业营销活动有关的非政府机构，如消费者组织、环境保护组织以及其他群众团体。企业营销活动涉及社会各方面的利益，来自这些社团公众的意见、建议往往对企业营销决策有十分重要的影响。

5. 社区公众

社区公众主要指企业所在地附近的居民和社区团体。社区是企业的邻里，企业保持与社区的良好关系，为社区的发展做出一定的贡献，会受到社区居民的好评，能帮助企业在社会上树立良好的形象。

6. 内部公众

内部公众主要指企业内部的管理人员和一般员工，企业的营销活动离不开内部公众的支持。企业应该处理好与广大员工的关系，调动他们开展市场营销活动的积极性和创造性。

任务二 市场营销环境分析训练

案例分析：潮汕正宗手打牛肉丸市场环境分析

一、宏观环境

1. 人口环境

珠三角地区居住着超广东省一半的人口，其人口密度达到 1 035 人/km^2，其中广州、深圳、珠海、东莞等地区的人口密度、消费水平尤为突出。另外，珠三角地区有大量的外来人口涌入，多为青壮年，此阶层人口数量占比大，且随着社会的发展，高学历、高职位、高收入精英青年逐渐增多，高端的冷冻食品将会有更大的市场。

从广州来看，其正向超大城市发展，而且大学林立，居民的文化水平不断提高，属于一个高消费水平、高要求城市，将其作为开拓新产品销售的首要市场是一个不错的选择。

2. 经济环境

2008年，珠三角地区受到金融海啸较大影响，但这些影响并没有降低广东人对吃的要求。所谓“民以食为天”，广东人更是以食闻名，从市场的现状来看，广东省尤其是珠三角地区的饮食业依旧红红火火，广东人的生活质量并没有因金融海啸降低。

3. 政治法律环境

食品行业在改革开放以后发展很快，质量水平有很大提高，但也存在许多问题。尤其是2008年的“中国奶制品污染事件”震惊全国后，我国对食品行业的监管更加严格，所以健康、有质量保证的食品会更有竞争优势。

2007年，国家出台《速冻米面食卫生标准》，规定自2007年6月起不再允许散装水饺、汤圆等在超市销售。这一政策有利于品牌优势的充分发挥，并为行业整合提供了契机。此外，高端产品细分市场迅速崛起，领先企业逐步将战略重点转向高端市场。在原有高端市场中，仅有湾仔码头一家。思念和三全分别于2006年和2007年相继进入高端市场。品牌与高端市场竞争成为速冻食品行业发展的焦点和潮流。此时推广走高端路线的牛肉丸冷冻食品，正适合行业内的潮流发展。

4. 社会文化环境

广东人素来非常看重“吃”。广东的饮食文化融汇古今，贯通中西，吸纳各地美食精华，形成了有别于国内其他地区、独具特色的文化，并赢得了“食在广东”的美称。同时，广东是中外文化交流的必经之地，形成了广东人的开放思维，又由于广东地处边疆，受正统封建思想的影响较小，中原传统文化对它的影响不断淡化，从而具有更大的自由度和容纳力，这为各地区间的饮食传播提供了合适的条件。

随着时代的发展，人们饮食讲求新鲜、个性，再加上广东人无所不吃的特点，广州的美食在汇聚百家的同时推陈出新，新吃法、新烹饪方法层出不穷，所以广东人有着喜欢尝试吃一些不同地区的特色美食的特点。

广州是一个快节奏的城市，人们在家准备餐食的时间越来越少，饮食习惯也相应地发生变化，趋向讲求快捷、方便、营养，所以速冻食品以其独特的产品特性越来越受到消费者的青睐。

5. 自然环境

广东整体的气候类型为亚热带季风气候，除夏天受台风影响外，没有太多自然灾害。加上地处沿海，又是在我国南方，气候适宜，农作物收成好，农民丰衣足食。正是由于有了丰衣足食的条件，广东人对吃的要求也随着生活质量的提高而提高。

二、微观环境

1. 顾客需求

广州是一个潮汕人聚集的地方，潮汕食品在广州有一定的市场需求。而且，潮汕人的饮食习惯对广州当地人有一定的影响，潮汕食品特别是潮汕牛肉丸非常受广州人的青睐。广州经济发达，人们的生活质量高，品尝正宗风味的欲望强烈。因而，广州是一个对潮汕正宗手打牛肉丸有巨大需求的市场。

潮汕正宗手打牛肉丸的需求规模很大，普通家庭喜欢煮牛肉丸滚汤，上班族喜欢微波炉加热即食，大学生也会经常打边炉吃火锅、烧烤，很多餐厅也会推出牛肉丸面等招牌食品，所以，牛肉丸是老少皆宜的大众口味食品。在广州，小摊小贩们个个打着“正宗潮汕牛肉丸”的旗号，事实上并非如此，所以人们对潮汕正宗手打牛肉丸的渴求也越来越强烈。奇怪的是，在广州的各个大型超市中几乎很少见到包装的潮汕牛肉丸，这是一个很明显的市场空白，没有商家进入，没有形成品牌。

潮汕地区的牛肉丸供应商多为小作坊，没有足够的生产规模拓展市场，他们的顾客除了潮汕当地人还分布在潮汕人聚集较多的广州、深圳、香港等较发达城市，以及东南亚等潮汕华侨较多的国家。而除了潮汕当地菜市场上的散装牛肉丸可以直接到达顾客手中外，其他地区的牛肉丸都是大量销往餐厅、大排档。

作为顾客，对正宗潮汕牛肉丸的需求只是简单的消费需求，而这都无法满足，潮汕地区以外的顾客想要吃到牛肉丸只能去餐厅等地，而无法从超市直接选购。

大型的冷冻食品公司想要开发牛肉丸这一产品，却苦于没有生产潮汕正宗手打牛肉丸的手艺，做不出正宗风味的牛肉丸，打不开市场，不能形成品牌。顾客吃牛肉丸都是朝着潮汕正宗的手打牛肉丸去的，如果做不出原汁原味，肯定对顾客没有吸引力。

如果把牛肉丸普及到一般家庭，那么顾客是否购买考虑的就是价格的合理性、购买的便利性和产品的可靠性等。因此，品牌十分重要，进入大型超市也十分必要。

综上所述，潮汕牛肉丸的市场类型属于消费者市场，为满足个人或家庭消费需求购买产品。潮汕牛肉丸在广州等地区具有强烈的顾客需求，需求规模大，需求结构简单，顾客比较注重品牌和质量，购买时注重价格、便利性和产品可靠性等。

通用磨坊作为世界500强企业，具有很高的知名度。好品道食品有限公司是通用磨坊新成立的子公司，其利用在广州的工厂，还有从潮汕地区聘请的生产手打牛肉丸的专业人才，推出包装的正宗手打牛肉丸进入超市，以通用磨坊为强大后盾，打响“好品道”品牌，树立潮汕正宗手打牛肉丸的形象，以此满足顾客需求，占据了巨大的市场份额。

2. 竞争者情况

现有厂商海霸王（汕头）食品有限公司位于我国汕头经济特区，创建于 1995 年，占地面积 2.2 万 m^2，共投资 2.2 亿元引进了来自美国、德国、日本、瑞典、丹麦、澳大利亚等国的世界一流的速冻食品生产设备，拥有汤圆、水饺、火锅饺、竹轮、蟹肉棒、丸类、鱼卵卷、淡水丸、馒头、包子、香肠等 16 条生产线、200 余台食品制造机械，引进了全自动送料机、全自动包馅机、水饺机、鲜鲜肠自动充填机、蟹肉棒制造机、丸类制造机、竹轮制造机、真空高速灌肠脆皮肠制造机等，使生产全部实现自动化，设备国际化率达 95%以上。

海霸王牛肉丸 250 g 价格是 7.50 元/包，海霸王港式风味爆汁牛肉丸 125 g 价格是 2.80 元/包。海霸王牛肉丸采用全自动机械生产，所以价格相对便宜，但从某种意义上讲，它并不正宗，所以，其与通用磨坊产品定位不同，目标市场不同，构成的威胁不大。

潜在加入者郑州思念食品有限公司是中国最大的专业速冻食品生产企业之一，公司的品牌影响力、生产能力、销售总量均位居全国同行业前列。虽然目前它的主要产品还是汤圆、水饺等速冻食品，但是，它的产品线正在扩展，也准备推出火锅系列产品。因此，郑州思念食品有限公司是一个较大的潜在竞争者。同理，三全、龙凤、五羊等中国速冻食品品牌都是牛肉丸行业的潜在加入者。

替代品厂商汕头市达濠元记食品有限公司是一家集生产、销售、餐饮于一体的企业，拥有一个专业技术雄厚、设备先进的食品加工厂，一家以海产制品为主的美食店，还有四家以鱼丸为主的饮食店。此外，一些潮汕小作坊，如福合埋牛肉丸、垄美斋、潮汕牛肉丸食品厂等，还有当地的味然香、冯记牛丸面、龙记等牛肉丸汤粉店，其潮汕牛肉丸都是比较知名的、被顾客认可的，也都是通用磨坊的竞争者。

3. 社会公众

通用磨坊是食品行业的佼佼者，品牌影响力大，“好品味”品牌以其为强力后盾，在融资方面有一定的渠道。而采用手打生产正宗潮汕牛肉丸销往高端市场，收益高，成本也高，前期可以借助银行贷款进行规模化生产。

在珠三角地区，经济发达，传播媒介也比较丰富。报纸有《南方日报》《南方杂志》《南方都市报》《南方周末》《21 世纪经济报道》《南方农村报》等，报纸行业十分发达，也受广大读者喜欢。杂志有《家庭美容健身》《健康向导》《健康饮食》等生活休闲类杂志，也深受广大读者喜爱。电台如广东电台拥有九台两报，在广东省及邻近省区（包括港澳地区）拥有影响广泛的规模较大的广播集团。广东人民广播电台作为一个省级综合性的广播电台，是一个有着巨大社会影响力的大众传媒。珠江经济频道、南方生活频道、城市之声频道、音乐频道以及各市区频道也很丰富，深受听众好评。通用磨坊为弘扬潮汕美食文化，为潮汕牛肉丸树立品牌，推出质量有保证的优质牛肉丸。首先，潮汕地区政府会大力支持，提供政策上的优惠；其次，对于风味特色产品，发扬民族传统，保障人民健康生活的理念，产品走绿色营销路线，承担社会责任，政府会提供支持。

企业营销活动涉及社会各方面的利益，来自社团公众的意见、建议，往往对企业营销决策有着十分重要的影响作用。

通用磨坊尽最大的努力使消费者满意，同时坚持环保理念，与消费者组织、环境保护组织等其他群众团体有着相同的理念，可以取得这些机构的支持。通用磨坊还可以成立“正宗手打潮汕牛肉丸协会”，传播经营理念和经营特色。

资料来源：王蕾. 新编市场营销实务[M]. 北京：中国人民大学出版社，2018.

分析训练：

1. 试分析珠三角地区的宏观营销环境对企业的营销有什么影响。

2. 试分析珠三角地区的微观营销环境对企业的营销有什么影响。

任务三 企业市场营销环境分析实训

1. 实训目标

（1）使学生掌握营销环境分析的内容。

（2）培养学生分析市场营销环境的能力。

2. 内容与要求

（1）主要内容：菜鸟驿站让包装“瘦”起来，让全程“绿”起来！

2021 年，我国快递年业务量首次超过 1 000 亿件。与此同时，快递包装问题带来一系列环境问题，2020 年，我国快递包装废弃物总量超过 1 000 万 t，且还在持续增加。推动快递包装减量化、循环化，让快递“绿”起来成为当务之急。2020 年，国务院办公厅转发国家发展和改革委员会、商务部等 8 部门发布的《关于加快推进快递包装绿色转型的意见》，明确 2022 年和 2025 年可循环快递包装应用的量化目标。

菜鸟 2021 年全年可循环快递箱（盒）使用量达 100 万个、电商快件（天猫超市）不再二次包装率达 80%，新增 1.3 万个设置标准包装废弃物回收装置的邮政快递网点。菜鸟是如何做到让快递包装“瘦身”的呢？

菜鸟首先在原箱发货环节、包裹装箱环节和出口包裹环节 3 个方面“下功夫”，通过技术创新推动减量；其次使用可循环快递箱减少包材，依托驿站构造包装回收闭环，通过模式创新实现循环使用。

菜鸟联合平台、商家、客户，依托商品库存数据和智能算法建立了 B2B 循环箱体系，为商家提供减碳包装、环保包材、循环箱、原箱发货等一系列减塑减碳的包装解决方案。同时，菜鸟通过在“物流详情”中对绿色包裹打标等形式，鼓励更多商家采用环保寄件袋、无胶带拉链箱等绿色包装。

目前，全国范围已有 10 万余家菜鸟驿站设置了绿色包装回收箱，鼓励消费者回收利用快递二次包装。截至 2021 年 10 月，菜鸟绿色回收箱已经覆盖全国 31 个省（区、市）315 个城市，每年可以回收上亿个快递纸箱。

菜鸟还通过多个环节智慧驱动快递全生命周期的节能减排，推动行业提质升级。菜鸟基于大规模邻域搜索和深度强化学习的路径规划算法方案，通过计算提高决策合理性，压缩线上时间，可以在 0.01 s 的时间内得到 98%～99%的最优解，给线下留出更多操作时间，提高履约时效性，优化一线人员体验，节省巨额成本。同时，菜鸟在同城物流运输领域实施清洁能源替代方案，主要是通过物流运输工具的智能化研发末端配送自动驾驶车辆“小蛮驴”和干线自动驾驶车辆“大蛮驴”，推动智能化运输工具和电动化结合，提高运输效率，推动节能减碳。此外，菜鸟计划在 2030 年前将全部同城运输车辆更换为清洁能源车辆。

菜鸟在以物流环节带动全产业链绿色发展方面作出了自己的实践。数据显示，2021 年“双 11”期间，包括使用电子面单、原箱发货、装箱算法、驿站绿色回收和寄件等行为在内，菜鸟绿色物流已实现碳减排 1.8 万 t；菜鸟联合天猫超市启动“线上线下绿色回收”行动，在 8.7 万家菜鸟驿站新增 1.3 万个绿色回收箱，得到 480 万消费者积极响应和参与。

菜鸟“直击心灵”的有趣营销成效也是显著的。李佳琦直播间为什么突然关灯？这是菜鸟一手布置的迷你小剧场。在直播过程中，只见直播间突然停电漆黑一片，一束暖光出现，手工制作的微缩场景逐渐显现出来，随后李佳琦娓娓道来，倡导参加菜鸟绿色回收活动。会玩儿的菜鸟还改编了经典儿歌《丢手绢》，内容聚焦在回收快递包装领鸡蛋，通过大爷、大妈真实自然的趣味表演，达到魔性洗脑的传播效果。这首歌曲现在已经在线下驿站门店以及微博、抖音等平台进行扩散。

通过一场全民行动，菜鸟把绿色物流理念带到消费者心中。实际上，作为“绿色物流”基础设施的重要推动者，菜鸟一直在创新绿色环保行动，从包装、配送、路径规划、回收，用一套完整的、从端到端的方案打造绿色包裹、绿色回收、绿色配送、绿色智能，让可持续发展理念一步步走向大众。菜鸟用实际行动告诉我们，原来绿色环保也这么有趣！尽管菜鸟在让快递“绿”起来方面收效颇丰，但困扰仍在。菜鸟相关负责人表示，目前推进环保工作遇到的挑战主要有 3 点：上游商家采用直发包装积极性不高，无胶带纸箱成本和技术需要可持续的模式。未来，菜鸟将坚持技术创新和模式创新相结合，进一步推动减量、减碳；同时，加大宣传引导力度，带动供应链、上下游，共同推动快递绿色低碳发展。

图 2-3　河北环境工程学院菜鸟驿站一角

资料来源：快递业：让包装“瘦”起来，让全程“绿”起来！国际商报，2022 年 3 月 10 日，https：//t.cj.sina.com.cn/articles/view/1916733321/723f0789019013sle。

（2）实训要求：实训小组结合上述企业资料对菜鸟的宏观环境、微观环境进行分析，并总结出企业未来的机遇与威胁有哪些。

3. 组织与实施

（1）以项目团队为学习小组，选出项目负责人。

（2）建立沟通协调机制，团队成员共同参与、协作完成任务。

（3）小组成果展示介绍（包括组内成员的工作态度、组内合作程度、工作流程、成果质量的评价）（每组 4～5 分钟）。

4. 评价与总结

（1）各项目团队根据实训内容进行讨论。

（2）各项目团队提交实训报告，并根据报告进行评估。

（3）授课教师针对各组实训情况进行评价。

项目三　市场营销调研策划

任务导入

导入案例：洛客——互联网工业设计平台下的营销调研

2016 年 2 月 2 日，贾伟和 4 位联合创始人期望打造一个设计师的世界——洛客。这是一个互联网工业设计平台，专注于产品创新设计。2018 年年初，北京新能源汽车营销有限公司（以下简称北汽新能源）开始发售一款电动汽车 Lite。这款外形有点酷的汽车的目标用户是崇尚个性的年轻人。这款车的创新不仅体现在配置和外形上，而且体现在它的设计过程改变了汽车厂家闭门造车的传统，邀请用户深度参与设计。帮助北汽新能源筹划这次活动的公司正是洛客。

北汽新能源提出设计新能源汽车的需求后，需求就被发布在洛客平台上。整个众创过程吸引了近万人参与，形成了 300 多个设计方案。最后，北汽新能源从众多设计方案中选出一套。这套方案可以让 Lite 电动汽车拥有 12 个星座的车身图案、4 种颜色的悬浮车顶、4 种颜色的轮毂和 8 种个性化配置，总共可以提供多达 48 000 种个性化定制车型。

传统的商业模式是从企业到用户的单向流动，产品创新前的营销调研往往也是按照“商业目的—用户调研—产品创新”这样的思路展开的。而洛客是以设计为中心，让用户和企业共同参与到设计中，直接把用户的需求对接到企业的生产能力上，极大地提高了产品和用户需求的契合程度。营销调研直接渗透到产品创新的全过程中，而不只是其中一个环节。

图 3-1　北汽 Lite 宣传图片

资料来源：路江涌．图解创新管理经典[M]．北京：机械工业出版社，2018.

思考分析：

1．北汽新能源为何要开展此次调研？

2．洛客的调研结果对于北汽新能源而言有哪些实质性的帮助？

任务一　了解市场营销调研

一、市场营销调研概述

当一家企业即将进入一个新市场时，首先要了解的就是该市场的游戏规则、政府态度、政策法规等营销环境，只有熟悉当地的实际情况，从实际出发制定营销策略，才能在市场中发挥主动作用。市场营销调研是为企业解决市场营销问题而服务的，是企业的一项目的性很强的活动，目的是为决策者提供所需的决策信息，帮助企业制定正确的营销战略和策略，市场营销调研是企业重要的营销职能。

在现代市场营销活动中，重视市场营销调研、认识和掌握市场信息，是管理实现现代化的重要标志。市场营销调研是认识市场、取得市场信息的最基本方法，也是市场预测和营销决策的前提和基础。

（一）市场营销调研的概念

市场营销调研（marketing research）就是按照科学的方法和程序，有计划、系统地收集和整理与市场有关的信息资料，并对其进行分析、研究，从而为企业市场营销决策提供依据的全部工作和过程。

市场营销调研是一个包括明确调研目的和信息需求、决定资料来源和取得资料的方法、设计调研表格和资料收集形式、设计样本、搜集与核算资料、统计与分析、报告研究结果等在内的复杂过程。在此过程中，既有定量研究，又有定性研究，定量分析是市场营销调研的基本方法。

（二）市场营销调研的内容

市场营销调研的内容涉及市场营销活动的整个过程，主要包括以下几点。

1. 市场环境调研

市场环境主要包括经济环境、政治环境、社会文化环境、科学环境和自然地理环境等。具体的调研内容可以是市场的购买力水平、经济结构、国家方针、政策、法律法规、风俗习惯、科学发展动态和气候等各种影响市场营销的因素。

2. 市场需求调研

市场需求调研主要包括消费者需求量调研、消费者收入调研、消费结构调研、消费者行为调研，可以是消费者购买原因、购买种类、购买数量、购买频率、购买时间、购买方式、购买习惯、购买偏好和购买后的评价等。

3. 市场营销因素调研

市场营销因素调研主要包括对产品、价格、渠道和促销活动的调研。

产品调研主要为了解市场上新产品开发的情况、设计的情况、消费者使用的情况、消费者的评价、产品生命周期阶段、产品的组合情况等。

价格调研主要为了解消费者对价格的接受情况、对价格策略的反应等。

渠道调研主要包括了解渠道的结构、中间商的情况、消费者对中间商的满意度情况等。

促销活动调研主要包括各种促销活动的效果，如广告实施的效果、人员推销的效果、营业推广的效果和对外宣传的市场反应等。

4. 市场竞争情况调研

市场竞争情况调研主要包括对竞争企业的调研和分析，了解同类企业的产品、价格等方面的情况，了解它们采取了什么样的竞争手段和策略，做到知己知彼，通过调研帮助企业确定竞争策略。

（三）市场营销调研的类型

根据调研的目的和功能，可以将市场营销调研分为以下 3 种基本类型。

1. 探索性调研

探索性调研是为了界定问题的性质以及更好地理解问题的环境而进行的小规模的调研活动。探索性调研特别有助于把一个大而模糊的问题表达为小而精确的子问题，以使问题更明确，并识别出需要进一步调研的信息（通常以具体的假设形式出现）。在调研的早期，人们通常对问题缺乏足够的了解，尚未形成一个具体的假设。

2. 描述性调研

描述性调研寻求对“谁”“什么”“什么时候”“哪里”“怎样”这样一些问题的回答。与探索性调研不同，描述性调研基于对调研问题性质的一些预先理解进行。尽管调研人员对问题已经有了一定的理解，但对决定行动方案必需的事实性问题作出回答的结论性证据，仍需要收集。

描述性调研可以满足一系列的调研目标，描述某类群体的特点，决定不同消费者群体之间在需求、态度、行为、意见等方面的差异，识别行业的市场份额和市场潜力是很常见的描述性调研。

商店经常使用描述性调研以确定它们的顾客在收入、性别、年龄、教育水平等方面的特征，这样的描述并没有给出“为什么会有这样的特征”的解释。描述性调研提供的结果经常用来作为解决营销问题的全部信息，尽管没有对“为什么”给出回答。一家商店从描述性调研中了解到该店67%的顾客是年龄在18～44岁的女性，并且她们经常带着家人、朋友一起来购物，这种描述性调研提供了一个重要信息，即商店可以针对妇女开展促销活动。

3. 因果性调研

因果性调研是调研一个变量是否引起或决定另一个变量的研究，目的是识别变量间的因果关系。在因果性调研中，一般对要解释的关系有一种期望，如预期价格、包装、广告花费等对销售额有影响。这就要求研究人员对研究课题要有相当的知识储备，理想的状况是研究人员能估计一个事件（如店内展示）是引起另一个事件（销售量增加）的手段。因果性调研试图认定当研究人员做一个事件时，另一个事件会接着发生。

（四）市场营销调研的步骤

市场营销调研的步骤包括确定调研的问题和目标、制订调研方案、实施调研、调研结果处理，如图3-1所示。

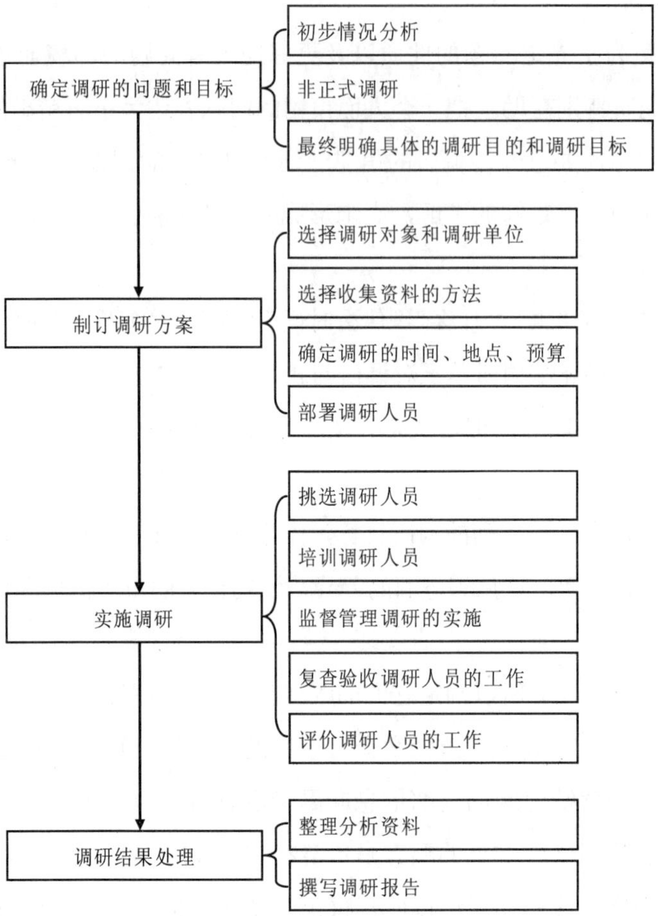

图 3-2　市场营销调研的步骤

确定调研的问题和目标是调研工作的开始，这一阶段着重确定调研目的。主要包括以下具体步骤：初步情况分析、非正式调研和最终明确具体的调研目的和调研目标。

制订调研方案是指对市场调研所要达到的目标进行全方位和全过程的计划和设计，是市场营销调研的第二个阶段，包括选择调研对象和调研单位，选择收集资料的方法，确定调研的时间、地点和预算，部署调研人员等。

实施调研是市场营销调研的一个重要环节，包括挑选调研人员、培训调研人员、监督管理调研的实施、复查验收调研人员的工作、评价调研人员的工作等。

调研结果处理是调研全过程的最后阶段，包括整理分析资料和撰写调研报告。

二、选择收集资料的方法

（一）文案法

文案法是在正式调研之前，通过查找报纸或其他文献资料，初步了解调研对象的性质、范围、内容和重点，为正式调研创造条件。一个企业管理者在闲暇之余，收集各种统计资料，通过分析，也可以为企业经营决策提供信息支持。许多调研的原始资料往往需要二手资料的配合，才能更好地用于研究问题。

1. 文案法的优点

二手资料比较容易得到，相对来说成本低，并能很快地获取，有些二手资料不可能由任何一个调研公司按原始资料去收集，比如由国家统计局普查结果所提供的数据。

2. 文案法的局限性

由于二手资料是为其他目的而不是为手边的问题而收集的，因此，二手资料对当前问题的帮助在一些重要方面是有缺陷的，资料的相关性和准确性都不够。收集二手资料的目的、性质和方法不一定适合当前的情况。而且二手资料也可能缺乏准确性，或有些过时了。在使用二手资料之前，有必要先对二手资料进行评价。

（二）观察法

观察法是在现场直接观察或利用各种仪器观察被调研人员行为或现场事实的一种搜集资料的方法。观察法主要用于外形观察、店铺观察、流量观察。

外形观察的主要适用范围是对消费者的动作、穿着、外形进行观察。

店铺观察的主要适用范围是对商场购物环境、商品陈列、服务态度等进行观察，也可以针对某一产品或某个要求到各有关店铺进行观察。类似的观察如果在展览会、展销会、看样订货会上进行则既方便又可靠。这种方法在调研消费者购买行为、购买动机、购买偏好时也经常采用。

流量观察是在选择店铺地址及研究某一街道的商业价值时经常采用的方法。调研人员要观察在该位置的相关店铺的顾客流量、流速，以便分析设店的价值。

1. 观察法的优点

观察法可以实际记录市场现象的发生，能够获得直接具体的生动材料，对市场现象的实际过程和当时的环境气氛都可以进行了解，这是其他方法不能比拟的；观察法不要求被调研人员具有配合调研的语言表达能力或文字表达能力，因此适用性也比较强；观察法还有资料可靠性高、简便易行、灵活性强等优点。

2. 观察法的局限性

观察法的缺点是只能观察到人的外部行为，不能说明其内在动机；观察活动受时间和空间的限制，被观察者有时难免受到一定程度的干扰而不完全处于自然状态等。

（三）访问法

访问法是调研人员直接向被调研人员提出问题，以获得信息资料的调研方法，包括访谈调研、信函调研、电话调研和网上调研。在实际选用时，各方法应相互配合、补充使用，彼此取长补短。调研人员也可将这些方法组合使用并创造出新的方法。

1. 访谈调研

访谈调研是指通过走访被调研人员，用事先拟定的调研提纲或调研问卷，当面询问有关问题，以获取所需资料。适用于调研范围较小而调研项目较复杂的调研。

访谈调研的优点为灵活，可以按问卷提问，也可以自由交谈，还可以根据情况灵活掌握提问次序；真实，可直接观察被调研人员，能从中判断其回答的问题是否正确；深入，双方可以对一些较复杂或重要的问题进行讨论，做深入调研。

访谈调研的缺点为调研费用高；调研被调研人员有时会受调研人员的态度、兴趣等的影响而产生偏见。

2. 信函调研

信函调研是调研人员将拟定好的调研问卷邮寄给被调研人员，请被调研人员填妥问卷后寄回，从而获取调研资料。信函调研适用于较大范围和较复杂问题的调研。

信函调研的优点为调研区域广；调研费用低；被调研人员回答问题不受调研人员的影响，时间充分，答卷质量高。

信函调研的缺点为调研时间较长；问卷回收率较低；答问卷者可能不是被调研人员本人，影响调研的代表性。

3. 电话调研

电话调研是调研人员依照调研提纲或调研问卷，用电话与选定的被调研人员交谈，从而获取调研资料。电话调研适用于调研项目单一、问题相对简单，并需要及时得到结果的调研。

电话调研的优点是快速，可以在很短的时间内访谈较多的被调研人员；对于不便于面谈的问题，在电话访谈中可能得到回答。

电话调研的缺点是调研范围受到限制，只能限于有电话的用户，调研的时间不可能太长，难以询问较为复杂的问题。

4. 网上调研

网上调研是调研人员将调研问卷放在网页上，由上网者自己填写，从而获取调研资料。网上调研适用于对一些较为流行的、热门的、敏感的问题的调研。

网上调研的优点为调研区域广，不受地域限制；匿名，被调研人员能回答内心真实的想法和看法。

网上调研的缺点为调研时间长，调研样本的代表性差，因为受调研人员大多是年轻人。

（四）实验法

实验法是指市场调研人员有目的、有意识地改变一个或几个影响因素，以此来观察市场现象在这些因素影响下的变动情况，从而确定市场中各种因素的因果关系而使用的信息收集方法。实验法一般适用于调研什么样的产品质量、包装、式样等受顾客喜欢的产品试验，或不同的产品价格、包装、营销策略对销售量影响的销售试验。

1. 实验法的优点

实验法可以探索不明确的因果关系，实验结论有较强的说服力。

2. 实验法的局限性

费时、费用高、管理控制困难、保密性差等。

三、编写市场调研方案

市场调研方案有两方面的作用：一是用来提供给雇主即调研委托方审议检查之用，以作为双方的执行协议；二是用来作为市场调研人员实施调研的纲领和依据。一个完整的市场调研方案有一定的格式。

不同项目的调研方案格式有所区别，但一般调研均包括以下几部分：前言、调研课题的目的和意义、调研的主要内容和具体项目、调研对象和调研范围、调研方法、调研工作的时间进度安排、经费预算、调研结果的表达形式、附录等。

（一）前言

前言即方案的开头部分，应该简明扼要地介绍整个调研课题的背景等。

（二）调研课题的目的和意义

较前言部分稍微详细点，应指出项目的背景、想研究的问题和可能的几种备用决策，指明该项目的调研结果能给企业带来的决策价值、经济效益、社会效益，以及在理论上的重大价值。

编写市场调研方案首先要明确的就是调研目的。有的客户对市场调研业务比较熟悉，所提要求也十分明确，如德国汉高化学品公司委托西安菲伦市场研究所做的建筑用黏合剂的中国市场调研，提出包括市场、需求、竞争对手、未来发展趋势 4 方面 60 个指标。而有些对市场调研还不熟悉的企业，提出的问题未经考虑，范围广泛，这就需要研究人员针对企业本身和企业想要了解的问题进行调研、访问，熟悉企业背景，讨论企业的生产、销售情况，明确企业调研的目的和意义。

（三）调研的主要内容和具体项目

调研的主要内容和具体项目是依据调研人员所要解决的问题和目的所必需的信息资料来确定的。

调研项目的选择要尽量做到“准”而“精”。具体而言，“准”就是要求调研项目反映的内容要与调研主题有密切的相关性，能反映调研要了解的问题的信息；“精”就是调研项目所涉及的资料能满足调研分析的需要，不存在对调研主题没有意义的多余项目。盲目增加调研项目，会使资料统计和处理等方面的工作量增加，既浪费资源，又影响调研的效果。

（四）调研对象和调研范围

确定调研对象和调研范围，这主要是为了解决向谁调研和由谁来具体提供资料的问题。调研对象就是根据调研目的、任务确定的调研范围以及所要调研的总体，它是由某些性质上相同的许多调研单位组成的。

（五）调研方法

调研方法的说明主要是详细说明选择何种方法去收集资料，具体的操作步骤是什么。如采取抽样调研方式，那么必须说明抽样方案的步骤、所取样本的大小和所要达到的精度。

在市场调研中，如果采用实验法、观察法或访问法，为使数据、情报在收集、分类、统计、储存时更有效率，则在调研前要求设计、制定一些格式化的调研表格，如观察表、实验表或调研问卷等。这些表格应在调研方法说明中加以体现，也可以放在附录中。

（六）调研工作的时间进度安排

在实际调研活动中，根据调研范围的大小，调研时间有长有短，一般为 1 个月左右。基本原则是保证调研的准确性、真实性，不走马观花；尽早完成调研活动，保证时效性，同时可节省费用。

一般情况下，调研过程安排如下：第一周准备（与客户商讨、确认计划建议书，进行二手资料的收集；了解行情，设计问卷）；第二周试调研（修改、确定问卷）；第三周具体实施调研；第四周进行数据处理；第五周编写报告，结束调研。

通常，在安排各个阶段工作时，还要详细地列出需做哪些事项，由何人负责，并提出注意事项，所以需制作时间进度表。需要注意的是，计划应该设计得有一定的弹性和余地，以应对可能出现的意外事件。

（七）经费预算

调研费用根据调研工作的种类、范围确定，当然，即使同一种类，也会因质量要求差异而不同，不能一概而论。但经费预算基本上遵循一定原则，费用项目包括资料收集费、复印费；问卷设计费、印刷费；实地调研劳务费；数据输入、统计劳务费；计算机数据处理费；报告撰写费；打印装订费；组织管理费；税费；等。

一般市场调研时间大多比较紧张，但实际上如果能尽快完成调研，则费用可能减少；此外，企业也应给予充分的经费，以保障调研的成功进行。

根据若干市场调研案例可以总结出一般的经费预算比例，即策划费（20%）、访问费（40%）、统计费（30%）、报告费（10%）。若为接受委托代理的市场调研，则需加上全部经费 20%～30%的服务费，用作税款、营业开支及代理公司应得的利润。

调研费用的估算对市场调研效果的影响很大，对于市场调研部门或单独的市场调研机构而言，每次调研所估算的费用当然是越高越好，但是费用数目要实事求是，不能过高也不能过低。合理的支出是保证调研顺利进行的重要条件，在这个问题上应避免两种情况：一是调研时间的拖延，这样必然造成费用的加大；二是缩减必要的调研费用。调研活动必须有一定的费用来维持，减少必要的费用只会导致调研不彻底或无法进行下去。

（八）调研结果的表达形式

确定市场调研结果的表达形式。如最终报告是书面报告还是口头报告、是否有阶段性报告等。

（九）附录

列出课题负责人及主要参加者的名单，并可简明扼要地介绍一下团队成员的专长和分工情况。指明抽样方案的技术说明和细节说明，调研问卷设计中有关的技术参数、数据处理方法、所采用的软件等。

虽然市场调研方案的编写实际上可能只有一两天的时间，然而，为保证整个调研的顺利进行和调研结果的精确性，市场调研方案仍应考虑周密。其质量直接影响市场调研工作的成败。

四、设计市场调研问卷

调研问卷（questionnaire）又称调研表，是指调研人员事先根据调研目的和要求设计，由一系列问题、说明和备选答案组成的调研项目表格。调研问卷是调研人员依据心理学原理，将精心设计的各种问题全部以询问的形式在问卷中列出来，许多问题还给出了多种可能的答案，提供给被调研人员进行选择。这种方式有助于被调研人员及时准确地获取调研的内容，领会调研意图，从而提高调研的系统性和准确性。

（一）设计问卷的问题

问卷由若干个问题构成，问题是问卷的核心，在进行问卷设计时，必须对问题的类别和提问方法进行仔细考虑，否则会使整个问卷产生很大的偏差，导致市场调研失败。因此，在设计问卷时，应对问题有较清楚的了解，并善于根据调研目的和具体情况选择适当的询问方式。

1．设计直接性问题、间接性问题和假设性问题

直接性问题是指在问卷中能够通过直接提问的方式得到答案的问题。设计直接性问题要注意：这些问题可以是一些已经存在的事实或被调研人员的一些不很敏感的基本情况。直接性问题通常给被调研人员一个明确的范围，所问的是个人基本情况或意见。例如，“您的年龄”“您的职业”“您最喜欢的洗发水是什么牌子的？”等，这些都可获得明确的答案。这种提问对统计分析比较方便，但遇到一些窘迫性问题时，采用这种提问方式，可能无法得到调研人员需要的答案。

间接性问题是指那些不宜于直接回答，而采用间接的提问方式得到所需答案的问题。通常是指那些被调研人员对所需回答的问题产生顾虑，不敢或不愿真实地表达意见的问题，如家庭人均收入、消费支出、婚姻状况、政治信仰等方面的内容。如果不假思考直接询问，可能会引起被调研人员的反感，导致调研过程出现不愉快而中断。

假设性问题是指通过假设某一情景或现象存在而向被调研人员提出的问题。例如，“有人认为目前的电视广告过多，您的看法如何？”“如果在购买汽车和住宅中您只能选择一种，您可能会选择哪种？”这些语句都属于假设性问题。

2．设计开放式问题和封闭式问题

开放式问题是指调研人员对所提出的问题不列出具体的答案，被调研人员可以自由地运用自己的语言来回答和解释有关想法的问题。例如，“你认为目前我国大学生就业难的主要原因有哪些？”开放式问题的优点是比较灵活，能调动被调研人员的积极性，使其充分自由地表达意见和发表想法；对于调研人员来说，能收集到原来没有想到，或者容易忽视的资料。同时由于被调研人员以自己的观点来回答问题，调研人员可以从中得到启发，使文案创作更贴近消费者。这种提问方式特别适合那些答案复杂、数量较多或者各种可能答案尚属未知的情形。缺点是被调研人员的答案可能各不相同，标准化程度较低，资料的整理和加工比较困难，同时可能会因为回答者表达问题的能力差异而产生调研偏差。

封闭式问题是指事先将问题的各种可能性答案列出，由被调研人员根据自己的意愿选择回答。封闭式问题的优点是标准化程度高，回答问题较方便，调研结果易于处理和分析；可以避免无关问题，回答率较高；可节省调研时间。缺点是被调研人员的答案可能不是自己想准确表达的意见和看法；给出的选项可能对被调研人员产生诱导；被调研人员可能猜测答案或乱答，使答案难以反映其真实情况。

3．设计动机性问题和意见性问题

动机性问题是指为了了解被调研人员的一些具体行为的原因和理由而设计的问题。例如，“你为什么购买某一品牌的笔记本电脑？”动机性问题所获得的调研资料对企业制定市场营销策略非常有用，但是收集难度很大。调研人员可以多种询问方式结合使用，尽最大可能将调研人员的动机揭示出来。

意见性问题主要是为了了解被调研人员对某些事物的看法或想法。例如，“你对学校后勤服务公司的自行车存取服务有何意见？”意见性问题在营销调研中也经常遇到，它是很多调研人员准备收集的关键性资料，因为意见常常影响动机，而动机决定着购买者的行为。

4．设计量表应答式问题

在问卷中设计量表应答式问题主要是为了对应答者回答的强度进行测量，同时许多量表式应答可以转换为数字，这些数字可以直接用于编码。另外，量表应答式问题的答案还可以用更高级的统计分析工具进行分析。

例如，既然你已经试用了该产品，你将购买它吗？（选一个）

□肯定购买　□可能购买　□也许会购买　□可能不会购买　□肯定不会购买

量表应答式问题也有缺点，如被调研人员可能出现误解；问题有时会对被调研人员的记忆与回答能力要求过高。

5. 设计二项选择问题和多项选择问题

二项选择问题（又称是否法、真伪法）的回答项目非此即彼，简单明了。

例如，你是否购买过自行车？ □是 □否

这类问题的答案通常是互斥的，由调研结果统计得到“是”与“否”的比例，由于回答项“是”与“否”之间没有任何必然的联系，因此得到的只是一种定性分析，说明不同回答所占比例，比例大的部分影响力和重要性比较大。

多项选择问题是指有些问题为了使被调研人员完全表达要求、意愿，还需采用多项选择法，根据多项选择答案的统计结果，得到各项答案重要性的差异。

（二）确定问题的用词

1. 清晰、简明扼要

误区一：设计问句语言表述过于专业。

例如，某会计师事务所为了提高服务质量、扩大知名度，就本所人员在企业的执业情况派调研人员在客户处进行了调研。问题如下：

请问你对本所人员的外勤业务是否满意？

□满意 □不满意 □不清楚

分析提示：会计师事务所将专业人员在客户处进行的执业活动统称为外勤。有些企业员工可能对会计师事务所的外勤、内勤之分并不十分了解，即使给出答案也没有什么实际意义，调研结果显然会出现误差。所以在确定问题措辞时，应避免使用过于专业的术语。

2. 意思明确

误区二：语言使用含混。

例如，某大学在军训结束后对新生进行了一次入学调研，在设计好的问卷中有这样一个问题：

你对我们学校印象如何？

□好 □不好 □不了解

分析提示：这样的问题提法过于笼统，意思不很明确，使刚入学的新生不好回答。因为对于新生来讲，学校的第一印象可能来自宿舍条件、就餐环境、社团生活、校园环境等各方面。

3. 避免诱导性问题或否定式问题

误区三：诱导性问题。

例如，目前，大多数学生认为，应届毕业生在招聘中因缺乏实际工作经验会遭到歧视，你认为呢？

□是　□不是　□不清楚

分析提示：这是一个诱导性问题，问题中已经包含了建议答案或推荐被调研人员对该问题应该采取的立场。

误区四：否定式问题。

例如，你并不认为在行人和机动车发生交通事故时应增加机动车一方的责任吧？

□是　□不是　□不清楚

分析提示：这是一个否定式问题，这种否定句提问对被调研人员的回答有诱导作用。

4. 不用评价性问题或假设性问题

误区五：评价性问题。

例如，你每月在文化娱乐方面的消费是多少？

分析提示：这是一个要求总结或评价的问题，消费者一般很难在短时间内精确地统计出自己每月文化娱乐方面的消费。

误区六：假设性问题。

例如，你毕业后是否会马上选择出国继续深造？

分析提示：作为在校生，这是一个假设性的问题。被调研人员可能因假设不成立说不，也可能会因选择留在国内工作或继续深造而说不。

（三）设计问卷的答案

在问卷调研实践中，无论是哪种问题类型，都要进行答案设计，尤其是封闭性问题，必须进行全面、系统、详尽的设计，才可以将调研内容的信息准确地传输给被调研人员，取得对方的充分合作，使其不带偏见地去回答有关问题。一般较常用的答案设计方法有以下几种。

1. 设计二项选择答案

二项选择法提出的问题只有两种对立的答案可供选择，被调研人员只能从两个答案中选择一个。

例如，你已经考取计算机等级证书了吗？

□是　□否

分析提示：这样的答案设计态度明朗，利于选择，可以得到明确的回答，能迫使倾向不定者偏向一方，能够在较短的时间内得到答案，统计处理方便。缺点是不能反映意见的差别程度，调研不够深入，由于取消了中立意见，结果有时不准确。

2. 设计多项选择答案

多项选择法提出的问题有两个以上的答案，被调研人员从中进行选择。例如，你在毕业后选择就业时考虑的主要因素是什么？（应注明选项数量）

A.工资福利　B.经济发达城市　C.有利于自身今后发展

D.专业对口　E.才能得以施展　F.积累社会经验

分析提示：多项选择法的优点是可以缓和二项选择法强制选择的缺点，应用范围广，能较好地反映被调研人员的多种意见及其程度差异，由于限定了答案范围，统计比较方便。缺点是回答的问题没有顺序，且答案太多，不便归类，对问卷设计者的要求较高。

3. 设计顺序答案

顺序法又称排序法，是指提出的问题有两个以上的答案，由被调研人员按重要程度进行顺序排列的一种方法。在实践中，顺序法主要有两种：有限顺序法和无限顺序法。

有限顺序法，例如，请按重要程度排列出你在购买文具用品时考虑的前 3 位影响因素是（　　）。

A.价格　B.品牌　C.包装　D.使用方便　E.商场促销　F.同学推荐　G.其他

无限顺序法，例如，请按重要程度排列出你在购买文具用品时考虑的影响因素（　　）。

A.价格　B.品牌　C.包装　D.使用方便　E.商场促销　F.同学推荐　G.其他

分析提示：顺序法不仅能反映被调研人员的想法、动机、态度、行为等多个方面的因素，还能比较出各因素的先后顺序，既便于回答，又便于分析。但是在实践应用中应注意：备选答案不宜过多，以免造成排序分散，增加整理分析难度。

4. 设计比较答案

比较法是指采用对比的方式，由被调研人员将备选答案中具有可比性的事物进行比对作出选择的方法。例如，请比较下列每一组不同品牌的彩色电视机，哪一种你更喜欢使用？（每一组中只选一个）

A.长虹、海信　B.创维、海信　C.TCL、海信

D.长虹、创维　E.TCL、创维　F.TCL、长虹

分析提示：这种方法采用了一一对比的方式，具有一定的强制性，使被调研人员易于表达自己的态度。但在实际应用时应注意，比较项目不宜过多，否则会影响被调研人员回答的客观性，也不利于统计分析。

（四）问卷的组织与编排

问卷的问题与答案设计好之后，不能随意编排，问卷每一部分的位置都具有一定的逻辑性。问题排列的前后顺序有可能影响被调研人员的情绪。同样的题目，编排得合理、恰当，有利于有效地获得资料。编排不妥当，可能会影响被调研人员作答，影响问卷的回收效率，甚至影响调研的结果。在设计问卷时，应站在被调研人员的角度，顺应被调研人员的思维习惯，使问题容易回答。下面是问题编排的一般原则：

第一，问卷中问题的排序应注意逻辑性。问题的编排应该注意尽量符合人们的思维习惯，这样才可能使调研有一个良好的开端。如果问题排序杂乱无章，让人思维空间变换过快，心理上会产生明显的反感，这就会影响被调研人员回答问题的意愿，不利于其对问题的回答。所以，一般当面访问时，开头应该采用简单的开放式问题，先营造一个轻松、和谐的谈话氛围，使后面的调研能够顺利进行。采用书面调研时，开头应是容易回答、具有趣味性的一般性问题，需要思考的核心调研内容放在中间部分，专门或特殊的问题放在最后。

第二，问卷中问题的排序应该先易后难。一般性问题的最先出现可以使人们开始考虑有关概念、公司或产品类型，然后再问具体问题。也就是将容易回答的问题放在前面，难以回答的问题放在后面，问卷的前几道题容易作答能够减少被调研人员的反感情绪，提高其积极性，有利于建立一种融洽关系。如果一开始就让被调研人员感到费力，容易使他们对完成问卷失去兴趣。

一般对公开的事实或状态的描述简单一些，因此放在问卷的较前面位置，而对问题的看法、意见等需要动脑筋思考，因此放在问卷稍后一点的位置。

从时间的角度来考虑，最近发生的事情容易回想，便于作答，因此放在问卷前面一点的位置。过去发生的事情，由于记忆容易受到干扰，不容易回想，因此放在问卷较后一点的位置。例如，可先问“你现在使用的是什么牌子的牙膏？”然后再问“在使用这种牌子的牙膏之前你使用过什么品牌？”

第三，一些特殊问题置于问卷的最后。许多特殊问题如收入、婚姻状况、政治信仰等一般放在问卷的后面，因为这类问题非常容易遭到被调研人员的拒答，从而影响回答的连续性。如果将这类问题放在后面，即使这些问题被拒答，前面的问题的回答资料仍有分析的价值。并且，此时被调研人员与调研人员之间已经建立了融洽的关系，被调研人员的警惕性降低，有助于提高回答率，从而增加获得回答的可能性。

复杂的开放性问题一般需要较长时间来回答，通常情况下，被调研人员是不愿意花太多时间来完成一份问卷的。如果将复杂的开放性问题放在问卷前面的位置，会使被调研人员觉得答问卷需要很长时间，从而拒绝接受调研。所以，复杂开放性问题一般放在后面，即使不作答也不至于影响其他问题的回答价值。

（五）问卷设计的格式

一份完整的调研问卷通常包括问卷标题、问卷说明、被调研人员基本情况、调研主题内容、编码、调研人员情况等内容。

1. 问卷标题

问卷标题概括说明调研研究主题，使被调研人员对所要回答问题的领域有一个大致的了解。标题应简明扼要，易于引起回答者的兴趣。例如采用“大学生消费状况调研”“我与广告——公众广告意识调研”等。而不要简单采用“调研问卷”这样的标题，容易导致回答者因不必要的怀疑而拒答。

2. 问卷说明

问卷说明旨在向被调研人员说明调研的目的、意义。有些问卷还有填表须知、交表时间、地点及其他事项说明等。问卷说明一般放在问卷开头，通过它可以使被调研人员了解调研目的，消除顾虑，并按一定的要求填写问卷。问卷说明既可以采取比较简洁、开门见山的方式，也可以进行一定的宣传，以引起调研对象对问卷的重视。

3. 被调研人员基本情况

这是指被调研人员的一些主要特征，例如，在消费者调研中，消费者的性别、年龄、民族、家庭人口、婚姻状况、文化程度、职业、单位、收入、所在地区等。又如，对企业调研中的企业名称、地址、所有制性质、主管部门、职工人数、商品销售额等。通过这些项目，便于对调研资料进行统计分组、分析。在实际调研中，列入哪些项目，列入多少项目，应根据调研目的、调研要求而定，并非多多益善。

4. 调研主题内容

调研的主题内容是调研人员所要了解的基本内容，也是调研问卷中最重要的部分。它主要是以提问的形式提供给被调研人员，这部分内容设计得好坏将直接影响整个调研的价值。

5. 编码

编码是将问卷中的调研项目变成数字的工作过程，大多数市场调研问卷均需加以编码，以便分类整理，易于进行计算机处理和统计分析。所以，在问卷设计时，应确定每一个调研项目的编号和准备相应的编码。通常是在每一个调研项目的最左边按顺序编号。例如，(1) 您的姓名；(2) 您的职业……在调研项目的最右边，根据每一调研项目允许选择的数目，在其下方画上若干短线，以便编码时填上相应的数字代号。

6. 调研人员情况

在调研表的最后，附上调研人员的姓名、访问日期、时间等，以明确调研人员是否完成任务。如有必要，还可写上被调研人员的姓名、单位或家庭住址、电话等，以便审核和进一步追踪调研。但对于一些涉及被调研人员隐私的问卷，上述内容则不宜列入。

任务二　市场营销调研设计训练

训练 1：佩恩眼镜市场调研计划书

一、前言

秦皇岛佩恩科技有限公司作为一个线上配镜的国外眼镜品牌，于 2018 年开始进入中国市场，对于中国消费者来说知名度较低，对此，佩恩眼镜公司首先选择大学生市场，入驻河北环境工程学院，与学校进行校企联合，通过招聘学校策划人员和销售人员，从线上和线下两方面推广佩恩眼镜。本调研小组将对河北环境工程学院的学生进行眼镜方面的调研研究，通过 Excel 与 SPSS 对调研数据进行分析，得出可靠的结论，给佩恩眼镜的在校推广和线上推广提出建议，提高佩恩眼镜知名度，让其更好地发展。

二、调研目的

佩恩眼镜总部位于美国宾夕法尼亚州匹兹堡市，是北美知名配镜品牌，自 2017 年创建以来，主要生产单光眼镜、太阳镜、中老年渐进眼镜等产品，并在到美国和加拿大市场销售，是生产销售一体化企业。

2018 年佩恩眼镜入驻我国市场，颠覆传统眼镜销售模式，采用实体体验店和线上智能科技相结合模式，线下有专业的人员和设备提供优质的服务，线上使用创新虚拟试戴服务，让消费者可以随时随地在网上选购眼镜产品，并且支持淘宝、微信小程序、微店、抖音、快手多平台下单。2021 年 4 月，佩恩眼镜开始与河北环境工程学院合作开展产教融合校企合作项目。本次调研以河北环境工程学院大学生为对象，通过问卷调研的数据分析，了解秦皇岛大学生对佩恩眼镜的认知情况，从而明确佩恩眼镜目前的优势和劣势，找准机会、规避风险，为佩恩眼镜校园推广以及线上推广的长远计划提供数据支持。

三、调研内容

（一）行业市场环境调研

1. 市场的容量和发展潜力。

2. 该行业的营销特点和行业竞争状况。

3. 学校教学、生活环境对该行业发展的影响。

4. 当前河北环境工程学院校内外眼镜的种类、品牌及销售状况。

5. 该行业各产品在河北环境工程学院的经销网络状态。

（二）消费者调研

1. 调研大学生对眼镜的需求。

2. 调研大学生购买眼镜的渠道、方式。

3. 调研大学生购买眼镜的主要影响因素。

4. 调研大学生不选择线上配镜的原因。

5. 调研大学生对佩恩眼镜的了解情况以及满意程度。

（三）竞争者调研

1. 主要竞争者的产品与品牌优势、劣势。

2. 主要竞争者的营销方式与营销策略。

3. 主要竞争者的市场概况。

4. 主要竞争者的经销网络状态。

四、调研对象及抽样

眼镜在高校具有普遍性，全体在校学生都是调研对象，但因为家庭经济背景的差异，全校学生月生活支出还存在较大的差距，导致消费购买习惯具有差异性，因此他们在选择眼镜的品牌、档次、价格上都会有所不同。为了准确、快速地得出调研结果，此次调研决定采用分层随机抽样法：先按其住宿条件的不同分为公寓学生与普通宿舍学生两层，然后再进行随机抽样。此外，分布在河北环境工程学院校内外的各经销商、专卖店也是本次调研的对象，因其规模、档次具有差异性，决定采用判断抽样法。

（一）调研对象具体情况

1. 消费者（大学生）：300 名，其中住公寓的学生占 50%。

2. 经销商：6 家，其中校外 5 家。

（二）消费者样本要求

1. 家庭成员中没有人在市场调研公司或广告公司工作。

2. 消费者没有在最近半年中接受过类似产品的市场调研测试。

五、对调研人员的要求、培训

（一）规定

1. 仪表端正、大方。

2. 举止谈吐得体，态度亲切、热情。

3. 具有认真负责、积极的工作精神及职业热情。

4. 具有把握谈话气氛的能力。

5. 经过专门的市场调研培训，专业素质好。

（二）培训

培训必须以实效为导向，本次针对调研人员的培训采用举办培训班、集中讲授的方法，针对本次活动聘请有丰富经验的调研人员面授调研技巧、经验。并对接受培训的调研人员进行思想道德方面的教育，使之充分认识市场调研的重要意义，培养他们强烈的事业心和责任感，端正其工作态度、作风，激发他们对调研工作的积极性。

六、人员安排

根据调研方案，在河北环境工程学院及市区进行本次调研需要的人员有 3 种：调研督导、调研人员、复核员。具体配置如下：

1. 调研督导 1 名。

2. 调研人员 15 名（其中 10 名对消费者进行问卷调研，5 名对经销商进行深度访谈）。

3. 复核员 1~2 名，可由调研督导兼职，也可另外招聘。

如有必要还将配备辅助督导（1 名），协助进行访谈、收发和检查问卷与礼品。问卷的复核比例为全部问卷数量的 30%，全部采用电话复核方式，复核时间为问卷回收的 24 小时内。

七、市场调研方法及具体实施

（一）对消费者以问卷调研为主

在完成市场调研问卷的设计与制作以及调研人员的培训等相关工作后，就可以开展具体的问卷调研了。把调研问卷平均分发给各调研人员，统一选择中餐或晚餐后的时间开始进行调研（因为此时便于集中调研，能够为本次调研节约时间和节省成本）。调研人员在进入各宿舍时说明来意，并特别声明在调研结束后将赠送被调研人员精美礼品一份以吸引被调研人员积极参与，得到正确有效的调研结果。调研过程中一定要求其在调研问卷上写明姓名、所在班级、寝室、电话号码，以便以后开展问卷复核。调研人员可以在当时收回问卷，也可以第二天收回（这有利于被调研人员充分考虑，得出更真实有效的结果）。

（二）对经销商以深度访谈为主

由于调研形式的不同，对调研人员所提出的要求也有所差异。与经销商进行深度访谈的调研人员相对于实施问卷调研的调研人员而言，其专业水平要求更高。因为时间较长，调研人员对经销商进行深度访谈之前一般要预约好时间并承诺给付一定报酬，访谈前调研人员要做好充分的准备，列出调研所要了解的所有问题。调研人员在访谈过程中应占据主导地位，把握整个谈话的方向，能够准确筛选谈话内容并快速做好笔记以得到真实有效的调研结果。

（三）通过网上查询或资料查询调研河北环境工程学院人口统计资料

调研人员查找资料时应注意其权威性和时效性，以尽量减少误差。因为该工作较为简单，可直接由复核员完成。

八、调研程序和时间安排

1. 准备阶段：一般分为界定调研问题、设计调研方案、设计调研问卷或调研提纲 3 个部分。

2. 实施阶段：根据调研要求，采用多种形式，由调研人员广泛收集与调研活动有关的信息。

3. 结果处理阶段：将收集的信息进行汇总、归纳、整理和分析，并将调研结果以书面形式表述出来。

按调研的实施程序，可分 8 个小项对时间进行具体安排：

①调研方案、问卷的设计：3 个工作日。

②调研方案、问卷的修改、确认：1 个工作日。

③项目准备阶段（人员培训、安排）：1 个工作日。

④实地访问阶段：4 个工作日。

⑤数据预处理阶段：2 个工作日。

⑥数据统计分析阶段：3 个工作日。

⑦调研报告撰写阶段：2 个工作日。

⑧论证阶段：2 个工作日。

九、经费预算

1. 策划费：1 500 元。

2. 交通费：500 元。

3. 调研人员培训费：500 元。

4. 公关费：1 000 元。

5. 访谈费：1 000 元。

6. 问卷调研费：1 000 元。

7. 统计费：1 000 元。

8. 报告费：500 元。

总计：7 000 元。

十、附录

参与人员如下：

1. 项目负责人：待定。

2. 调研方案、问卷的设计：待定。

3. 调研方案、问卷的修改：待定。

4. 调研人员培训：待定。

5. 调研人员：待定。

6. 调研数据处理：待定。

7. 调研数据统计分析：待定。

8. 调研报告撰写：待定。

9. 论证人员：待定。

10. 调研计划书撰写：待定。

资料来源：

河北环境工程学院市场营销专业校企合作项目资料。

分析训练：

1. 试分析佩恩眼镜市场调研计划书中的调研目的是否阐述清楚？请说明理由。

2. 试分析该方案中的调研内容是否围绕调研目的展开？请说明理由。

训练 2：中国新能源汽车消费现状与趋势调研问卷

《汽车族》杂志联合新浪汽车进行一项有关中国新能源汽车消费现状与趋势的研究。希望您能根据自己的实际情况如实回答以下问题，我们会为您的回答保密。感谢您的支持与合作！

新能源汽车包括燃气汽车、燃料电池电动汽车（FCEV）、纯电动汽车（BEV）、液化石油气汽车、氢能源动力汽车、混合动力汽车（油气混合、油电混合）、太阳能汽车和其他新能源（如高效储能器）汽车等，其废气排放量比较低。

请注意，本次调研中涉及的新能源汽车主要指纯电动汽车。

1. 请问您了解有关新能源汽车信息的最主要途径是？【多选】

□报刊　□电视　□网络

□户外广告　□亲友告知　□其他

2. 您平时是否关注有关新能源汽车的相关政策？【单选】

□关注　□不关注

3. 您知道哪些品牌在提供新能源汽车吗？【多选】

□奥迪　□宝马　□北汽新能源　□奔驰　□比亚迪

□长安　□大众　□丰田　□江淮　□日产

□特斯拉　□沃尔沃　□众泰　□不了解

4. 请问您的家庭目前是否拥有汽车？【单选】

□1 辆　□2 辆　□3 辆　□4 辆及以上　□尚未拥有汽车

5. 请问您的家庭目前所拥有的汽车是否是新能源汽车？【单选】

□是的　□不是

6. 请问您或您的家庭在未来什么时间有购买汽车的计划？【单选】

□最近半年内　□最近半年至 1 年内　□最近 2 ~ 3 年内

□最近 4 ~ 5 年内　□5 年以后　□不确定何时购买

7. 请问您想购买新能源汽车的主要原因是？【多选】

□节能减排　□外观造型新颖独特　□功能更加齐备

□发动机噪声小　□国家补贴多　□追求时尚新潮

□受周围人的影响　□体验新生事物　其他:

8. 请问您在观望要不要购买新能源汽车的最主要原因是？【多选】

□购买费用高　□性能低　□没有成熟的车型　□周围人较少购买

□维修不方便　□时速慢　□电池续航能力差

□能源获取不方便（充电、加氢不便）　□充电时间长　□不安全

□对于品质不够放心，希望观望一段时间　□交货慢

□不知道去哪里买　□其他:

9. 请问，新能源充电基础设施建设完成后，您会考虑购买新能源汽车吗？

□会　□不会

10. 如果可能，您会购买哪种新能源汽车？【单选】

□混合动力汽车　□纯电动汽车

□燃料电池电动汽车　□其他替代新能源汽车

11. 请问您或您的家庭计划购买什么价位的新能源汽车？【单选】

□15 万元以下　□15 万～29 万元　□30 万～49 万元

□50 万～79 万元　□80 万～99 万元　□100 万～199 万元

□200 万元以上

12. 请问您或您的家庭计划购买多少续驾里程的新能源汽车？【单选】

□100 公里　□300 公里　□500 公里　□1 000 公里　□更多

13. 请问您在选择新能源汽车时，主要考虑以下哪些方面？【多选】

□品牌　□价格　□续航里程　□速度、性能　□安全性

□先进技术的应用　□配置的丰富程度　□外观及内饰

□养护成本　□售后服务和维修站　□充电、加氢等能源补充的便捷程度

□提车的交付速度　□其他:

14. 您认为新能源汽车给社会能带来的最大的利益会是什么？【单选】

□有利于节能减排　□降低消费者用车支出

□促进工业科技发展　□给消费者更多的产品选择　□其他:

15. 关于充电基础设施配套，您认为新能源汽车更适合哪种方式？【多选】

□公共充电站　□公共充电桩　□家庭普通电源充电

□电池换电站　□其他:

16. 您认为新能源汽车更适合哪种营销方式？【单选】

□厂商直销　□传统 4S 店销售　□新型经销商授权销售模式

□租赁　□其他:

17. 您认为汽车市场将来的发展方向会是什么样的？【单选】

□常规车与新能源车长期并存

□新能源汽车最终将取代常规汽车

□新能源汽车最终将被淘汰

18. 国家出台《关于开展私人购买新能源汽车补贴试点的通知》，对购买新能源汽车最高补贴达到 6 万元。您认为这项补贴足够吗？【单选】

□足够　□远远不够

19. 在政策方面，国家从减免购置税，到确定公务用车“新能源化”的硬指标、时间表，再到酝酿之中的电动车生产牌照开放，以及充电设施完善等，都似乎在昭示着新能源汽车春天的到来，您对新能源汽车的前景怎么看？【单选】

□非常看好　□不太看好　□一般

20. 政府采取以下哪些措施/政策，会促使您考虑购买新能源汽车？【多选】

□购买新能源汽车时给予价格补贴

□基础设施配套如加气站、充电桩等建立完善

□在使用方面给予更多便利，如放宽限号等

□在税收和保险方面，给予新能源汽车更多优惠

□在限购和车牌拍卖方面，购买新能源汽车时给予优惠政策

□其他:

资料来源:

中国新能源汽车消费现状与趋势调研问卷_新浪汽车_新浪网(sina.com.cn), http: //auto.sina.com.cn/news/2014-07-28/10421313127.shtml。

分析训练:

1. 试分析，该问卷中问题的排序有无不当之处？ 如果有应该怎样进行改正？

2. 试分析，该问卷中是否存在措辞不当之处？如果有应该怎样进行改正？

任务三　市场营销调研策划实训

1. 实训目标

（1）培养学生的市场调研能力。

（2）培养学生撰写市场调研报告的能力。

2. 内容与要求

（1）主要内容：江苏信安国际教育咨询有限公司简介。

江苏信安国际教育咨询有限公司是一家从事国际教育咨询、翻译服务、企业管理及咨询以及展览展示服务等业务的公司，成立于 2016 年 5 月 25 日，公司坐落于江苏省，注册资本为人民币 1 560 万元。企业的经营范围为：国际教育咨询；自费出国留学中介服务及咨询；因私出入境中介服务及咨询；翻译服务；中国传统文化交流活动、国际人才交流活动组织、策划；自营和代理各类商品及技术的进出口业务；企业管理及咨询；展览展示服务。

企业自成立以来牢固树立诚信意识，自觉践行以诚信为基本内涵的行为准则。严格执行国家法律法规，自觉遵守信用服务业基本行为准则和业务规范，强化自律约束，全面提升诚信经营水平。坚持诚信履职、诚信服务、诚信收费，加强自身信用管理，提高服务质量。

资料来源：根据企业法人提供的内部资料编辑完成。

（2）实训要求：实训小组结合上述企业资料为企业制定调研方案、编写调研问卷、实施调研，并根据调研结果撰写市场调研报告。

3．组织与实施评价

（1）以项目团队为学习小组，选出项目负责人。

（2）明确组内任务及分工。

（3）小组成果展示介绍（包括组内成员的工作态度、组内合作程度、工作流程、成果质量的评价）（每组 4～5 分钟）。

4．评价与总结

（1）各项目团队根据实训内容进行讨论。

（2）各项目团队根据讨论结果撰写并提交实训报告。

（3）授课教师针对各组实训情况进行评价。

项目四　绿色消费者市场分析

任务导入

导入案例：星巴克“明日交接式”活动，以社交裂变方式传递绿色生活理念

星巴克（Starbucks）是一家1971年诞生于美国西雅图、靠咖啡豆起家的咖啡公司。自成立以来，以其“童话”般的奇迹让全球瞩目：1996年，星巴克开始向全球扩张，第一家海外店开在东京，如今已从西雅图一条小小的“美人鱼”进化到今天遍布全球30多个国家和地区的“绿巨人”。

近几年，星巴克在地球日当天都会举办“自带杯，领咖啡”的活动，在给消费者赠送咖啡福利的同时倡导节约能源、低碳环保的理念，这已经逐渐成为星巴克的标志性活动。

但2022年出于新冠疫情考虑，这个活动改成了为期10天的“明日交接式”活动，用户只要购买倡导“对自己好，对地球好，让好变更好”绿色生活理念的“GOODGOOD星善食”系列指定饮品或食品，即可获得一杯免费的中杯“明日的拿铁”，可赠给自己的微信好友。最终这个活动吸引了数十万咖啡爱好者的参与，在一次次的转赠中，咖啡成了连接用户的纽带，激励更多用户加入绿色生活行列，完成了一次次可持续生活方式的接力，星巴克倡导绿色生活的价值导向和社会责任感得以广泛传播。

图4-1　星巴克“明日交接式”活动海报

资料来源：

1. 盘点2022各大品牌绿色营销案例_活动_快手_环保(sohu.com)，https: //www.sohu.com/a/545896571_196915。

2. 网络营销成功案例分析篇2: 星巴克网络营销成功案例-知乎（zhihu.com），https: //zhuanlan.zhihu.com/p/147901480。

思考分析：

1. 星巴克的“明日交接式”活动以社交裂变方式传递绿色生活理念满足了消费者哪些需求？

2. 星巴克对消费者进行了哪些绿色消费理念方面的引导？

任务一　了解绿色消费市场

一、绿色消费

（一）绿色消费的内涵

广义的消费包括生产消费和生活消费两个方面，生产消费是指生产过程中工具、原料、燃料和劳动等的消费；生活消费是指为满足个人生活需要而消耗的各种物质资料和精神产品。人们常说的消费一般是指生活消费。

在人类社会发展进程中，生产与消费相互作用。当生产发展到一定水平时，必然会引起消费方式、消费观念的变革；而消费需求、消费方式的变化又必然会促进生产和技术的进一步发展。然而，生产与消费的变化往往受社会经济环境的制约。因此，研究一定社会经济环境下的绿色消费需求及其对经济发展的影响，是绿色营销研究中不可或缺的重要内容。

随着工业化的发展，人们在创造巨大的物质财富的同时，也带来了对环境的严重污染，使人类的生存发展受到影响。人们开始对现实的生产方式和消费方式进行反思，在实施绿色营销的同时，开始形成绿色消费需要。

绿色消费也称可持续消费，是指一种以适度节制消费，避免或减少对环境的破坏，崇尚自然和保护生态等为特征的新型消费行为和过程，主要包括3方面的内容：消费无污染的物品；消费过程中不污染环境；自觉抵制和不消费那些破坏环境或大量浪费资源的商品等。

（二）绿色消费群体的类型

从绿色消费群体来看，作为新型消费者，首先，是始于20世纪60年代激进的环保运动的产物之一。这些环境保护主义者，无疑是绿色消费的最积极的群体。还有随着对环境问题的日益关注而产生的新一代的消费者，即所谓新的绿色消费一族。这些所谓的新传统主义的消费者，追求商品的明确坦率、诚实无欺和可信赖性，要求所买的商品能够满足感情上的需要。他们不仅会关注他们要买的商品的价格，而且会考虑该商品有没有涉及环境或道德问题。

其次，是普通市民，作为一般的消费者，在大多数情况下他们并不一定关心环境，但他们更多地从自身的身体健康、免受伤害的角度来考虑所购商品的价值和自己的消费行为。同时，他们中的一些人，基于同样的原因对不负责任的破坏环境的行为感到愤慨。据1990年的一次调研，有70%的北美人在1989年因为环境的理由拒绝使用某一产品，或转而使用另一品牌的产品。

最后，是关注环境与社会可持续发展的企业。一方面基于来自绿色消费者的需求压力，另一方面考虑到要增加企业自身竞争力与环境可持续发展，以及响应国内外团体和社会组织的呼吁和要求。作为生产企业，他们既要生产健康、安全、优质的产品，又要确保不浪费资源，在生产过程中不造成环境的污染和破坏，从而较好地协调环境—资源—产品—健康之间的关系。

（三）绿色消费品的类型

从吃、穿、住、用、行的角度来看，目前的绿色消费品大体可分为绿色食品和药品、生态服装、生态住宅、生态用品和生态旅游等。这些产品从生产、消费到废弃的全过程都符合环保要求，其中不仅有人们的生存资料，而且涵盖了一些享受资料和发展资料。

1. 绿色食品

绿色食品是指无污染、安全、优质、营养的食品。主要包括无污染、无公害的农、林、牧、渔、果等产品以及以其为原料加工的食品。基于农药、化肥污染严重，野生蔬菜、无土栽培蔬菜等无公害绿色食品逐渐受到消费者青睐。开发绿色食品，是未来食品发展的趋势，它能较好地协调环境、资源、健康之间的关系。

2. 绿色家电

目前，越来越多的消费者喜欢使用安全、健康、污染小的绿色家电。随着传统家用电器工艺的成熟，其质量、价格的差异越来越小。众多生产厂家开始利用高科技手段，引进和开发绿色家用电器。从不带氟利昂的绿色电冰箱、绿色空调，低噪声、节能省电的绿色洗衣机，不含汞的绿色电池，副作用小、高效节能、易回收的绿色电脑等开始，逐步向健康型家用电器发展。

3. 绿色汽车

汽车工业带来的废气与噪声无疑是城市中的两大公害。电动汽车虽然有充电难、加速差、载重不足等缺点，但其可以解决燃油所无法克服的环境问题，无废气、噪声小、废热少，这些优点符合环保要求，因而促使各国政府制定各种法规和政策支持电动汽车的发展，汽车制造业的绿色革命已成为时尚。废旧汽车的处理所带来的水污染和工业垃圾也对环境造成了极大的污染。因此，汽车的可回收再利用问题也是绿色汽车开发中的重要问题。

4. 绿色建筑

随着“绿潮”的荡漾，一股“绿色建筑”热正在全球悄然兴起，绿色建筑要求每一个基本系统，包括照明、取暖、通风、墙面墙体、废物处理，甚至结构本身都来源于自然，或不会对环境造成污染、能节约能源、便于回收利用，并能提供一个健康清洁的居住工作环境。

5. 其他绿色产品

除以上绿色产品以外，绿色消费浪潮还波及家庭布置、家具、家庭用品、生态服装、生态旅游等消费领域。

如“环保服装”，从棉花栽培到生产工艺都从环保的角度考虑，避免使用对环境造成污染的印染原料和破坏生态环境的树脂等物质；从面料的选择到纽扣、拉链、别针等配件的使用均选择无污染的天然原料；从款式构想到花色设计都注重环保意识的体现。

如“环保照相机”，柯达公司生产的绿色相机，零部件的回收率达到总质量的87%。特别是名为“相迷救星”的绿色相机，其机芯和电子部分的回收并循环使用的次数可达 10 次以上。绿色相机的问世，既减少了工业垃圾的产生量，又大大节省了社会资源。

二、绿色消费者行为

（一）绿色消费者行为的特点

1. 改变欲望和需求

绿色消费者由于欲望和需求的绿色化而可能从根本上改变消费行为，并最终导致不消费、恢复原有产品的功能而避免或减少购买资源性产品或配合绿色消费的活动等。

2. 考虑替代品

绿色消费者为满足自己特定的欲望或需求可能考虑替换原拟购买或消费的产品，其做法主要有购买二手商品、借用或租赁和改换产品的技术等。

绿色消费者通过购买二手商品可以达到既满足其需求又不致引起消费更多自然资源的目的。近年来，住宅、汽车、书籍及服装等二手商品市场都有了较大的发展。

以借用或租赁方式同样可以达到保护资源的目的。国际上租赁市场已存在较长的时间，可供租赁的产品有汽车、书籍、服装、玩具、工具和婴儿用设备等，且种类仍在不断增加。

由于技术水平低下的产品往往会消耗较多资源或不利于环境改善，因而绿色消费者的选择也可能是考虑改用以符合环保要求的技术生产的产品替代传统技术产品，以满足自己的需求，例如，选用节水节能的洗衣机以替代老式洗衣机；选购节能环保汽车，尽量选购小排量汽车或电动汽车，减少尾气排放，减少空气污染。

3. 转变购买决策

对绿色消费者而言，通过转变购买决策而达到满足其欲望和需求的主要方法有改换品牌、改换产品、改换品种、转向以产品寿命为基础的购买、成批购买等。

4. 售后行为发生变化

绿色消费者在做出特定购买行为之后的行为，也与传统的消费者不同，主要有改变产品使用方式、重复使用产品、改变产品处置方式、维护和修理等。

（二）影响绿色消费者行为的因素

对于营销者而言，了解影响绿色消费者行为的各种因素，进而理解这些因素如何影响其顾客的消费行为是极其重要的。影响消费者行为的因素很多，有来自消费者自身的，也有来自外部环境的。其主要有 4 个方面，包括文化因素（cultural factors）、社会因素（social factors）、个人因素（personal factors）和心理因素（psychological factors）。

1. 文化因素

（1）文化

文化是指人类在生活实践中建立起来的价值观念、道德、信仰、理想和其他有意义的象征的综合体。每一个人都在一定的社会文化环境中成长，通过家庭和其他主要机构的社会化过程学到和形成基本的文化观念。文化是一种历史现象，具有历史的继承性、阶段性、民族性、地区性、多样性等特征，文化背景不同，人们的需求就不同，因此文化是影响消费者购买行为最基本的因素。文化差异引起消费者购买行为的差异，主要表现在婚丧嫁娶、服饰、饮食起居、建筑风格、传统节日、礼仪等方面，如东方文化强调集体精神、孝道等。

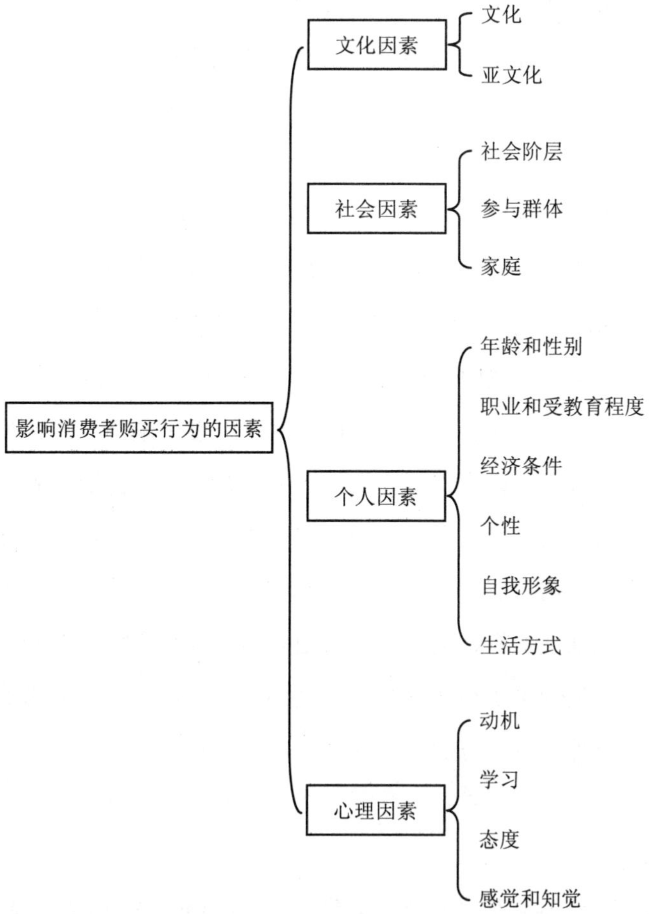

图 4-2 影响消费者购买行为的因素

（2）亚文化

亚文化是指存在于一个较大社会中一些较小群体所特有的文化，表现在语言、价值观、风俗习惯等方面。

2．社会因素

（1）社会阶层

社会阶层是社会中按某种层次排列、较同质且具有持久性的群体。同一阶层中的人，因经济状况、价值取向、生活背景和受教育程度相近，其生活习惯、消费水准、消费内容、兴趣和行为也相近，甚至对某些商品、品牌、商店、闲暇活动、传播媒体等都有共同的偏好。

（2）参与群体

参与群体是某人所属的群体或与其有直接关系的群体，又分为首要群体和次要群体两种。首要群体又称基本群体、初级群体，是人们经常面对面直接交往的群体，如家庭、邻里、同学、同事等。次要群体是人们不经常面对面直接交往的社会组织，如机关、企业、学校、消费者协会等。

（3）家庭

家庭是最重要的参与群体之一，应受到特殊的重视。家庭由居住在一起，彼此有血缘、婚姻或扶养关系的人群组成。从一个人幼年开始，家庭就给了他种种倾向性的影响，这种影响可能终其一生。家庭又是一个消费单位和购买决策单位。在不同家庭中，夫妻参与购买决策的程度不同；在同一家庭中，夫妻参与购买决策的程度又因产品的不同而有很大差异。比如食物、日用杂品、日常衣着的购买往往主要由妻子承担。在购买价格昂贵的耐用消费品或高档商品时，家庭决策模式也会变得较为复杂。企业营销者应了解哪些商品是夫妻双方甚至子女都参与购买决策的，谁有较大的影响力，或谁在哪些方面更具影响力。如一般认为，主要在丈夫影响下决定购买的产品和服务包括电视机、汽车等，主要在妻子影响下决定购买的产品包括洗衣机、地毯、厨房用具等，双方影响均等的产品包括家具、住宅等。丈夫一般在决定是否购买和在何时、何处购买等方面有较大的影响，妻子则一般在决定所购商品的颜色等外观特征方面有较大的影响。

3. 个人因素

（1）年龄和性别

年龄和性别是消费者最为基本的个人因素。不同年龄阶段的消费者具有明显的需求差异，同样，男女之间在购买行为上的差异也特别明显。由于生理和心理上的差异，不同性别的消费者的欲望、消费构成和购买习惯都不尽相同。多数男性顾客购买商品时比较果断和迅速，女性顾客则往往喜欢仔细挑选。

（2）职业和受教育程度

不同职业决定着人们的不同需求和兴趣。体力劳动者和脑力劳动者的需求存在很大的差别，受教育程度较高的消费者对书籍、报刊等文化用品的需求量较大，购买商品的理性程度较高，审美能力较强，购买决策过程较全面。

（3）经济条件

一个人的经济条件会在很大程度上影响其对商品的选择，经济因素是决定购买行为的首要因素，决定着消费者能否发生购买行为和购买行为的规模，决定着购买商品的种类和档次。

（4）个性

个性也能影响消费者对绿色消费的态度和行动。一个人的个性可以划分为内在控制型和外在控制型。外在控制型的人相信命运或运气，而内在控制型的人相信自己可以掌握更大的控制权。在关心生态问题方面，内在控制型的消费者可能会积极看待绿色生活方式，从而更可能购买绿色产品。相反，外在控制型的消费者面对污染问题会有无助的感觉，认为自己买不买绿色产品对整个环境的改善于事无补。

（5）自我形象

自我形象是指消费者的自我印象，是消费者的自我画像，即消费者在心目中把自己塑造成什么样的人，或者企图让别人把自己看成什么样的人。不同的人有不同的自我形象，不同的自我形象又会造成购买行为的差异性。在现实生活中，消费者往往购买与自己的形象相一致的商品，如果与自己的形象不相称，就拒绝购买。例如，在服饰选择方面，如果消费者想把自己塑造成风度翩翩的“绅士”，则会偏重购买名牌西装、领带、皮鞋等；如果想把自己塑造成自然潇洒、悠闲自在的人，则以购买休闲服饰为主。企业在生产经营时，要努力研究消费者自我观念的类型，聘请其崇拜的明星做广告，使产品满足消费者塑造自我形象的需要。

（6）生活方式

生活方式是指一个人在生活中所表现出来的活动、兴趣和看法的生活模式。有些人虽然处于同一个社会阶层，有相同的职业和相近的收入，但由于生活方式不同，其日常活动内容、兴趣、见解大相径庭，因此会有不同的消费方式和内容。例如，“娱乐型”的人，生活丰富多彩，紧跟时尚；“生活型”的人，购物以满足家庭舒适生活为主；“事业型”的人喜欢购买书籍。

4．心理因素

（1）动机

心理学认为，人的行为是由动机支配的，而动机是由需要引起的。所谓需要，就是客观刺激通过人体感官作用于人脑所产生的某种缺乏状态。一种尚未满足的需要，会产生内心的紧张和不适。当它达到迫切的程度，便成为一种驱使人行动的强烈的内在刺激，称为驱策力。这种驱策力被引向一种可以减弱或消除它的刺激物时，便成为一种动机。因此，动机是一种推动人们为达到特定目的而采取行动的迫切需要，是行为的直接原因。

绿色消费行为源于消费者追求生活品质的动机。当消费者基本的生理需求被满足以后，他们开始追求超越“物质”的生活，向往美好的生活品质，关注我们赖以生存的地球，关心人类与自然的可持续的、协调的发展。

（2）学习

学习对绿色消费行为的产生、强化有极大的影响。人们绿色消费意识的产生和绿色消费的实践行动，主要源于以下 3 个方面：一是日益严重的环境问题损害了人们的正常生活，引起了人们的密切关注；二是环保知识的普及推广，全社会对环保运动的推动，提高了消费者的环保意识；三是消费者随着个人绿色消费经验的积累，从中感受到绿色消费对自身和社会的好处。比如一个消费者尝试了绿色产品，出现了好的效果之后就会产生强化作用，增强了对绿色产品的好感和信心，之后也许就会扩大绿色消费的范围，如购买节能家电、绿色家具等。

（3）态度

人们的态度与绿色消费行为之间存在复杂的关系。态度是一个人对某些事物或观念长期持有的好与坏的认识上的评价、情感上的感受和行动倾向。德国学者巴得加的研究认为，一个消费者对污染问题的认识程度会影响他对环保的态度，对环保的态度又会影响他对绿色生活方式的态度，对绿色生活方式持积极态度的人会参与绿色产品的购买和消费活动。简单地表示，即对污染的认识—对环保的态度—对绿色生活方式的态度—绿色消费行动，但是我们发现，积极的态度并不等于积极的行动。从心理学上说，这与态度的形成过程有关。在态度的形成过程中有两种情形，一种是消费者对宣传的一般性观点接受了，引起对环境态度的改变；另一种是消费者对宣传问题的相关细节进行了更深层次的思考，然后形成新的态度。这两种方式形成的态度中，后一种更强有力，更可能引导行为选择。所以，企业在宣传、沟通中就需要提供详细的生产过程和绿色产品的信息，促使消费行为的产生。

（4）感觉和知觉

感觉和知觉属于感性认识，是指消费者的感官直接接触刺激物和情境所获得的直观、形象的反应。这种认识由感觉开始，刺激物或情境的信息，如某种商品的形状、大小、颜色、声响、气味等，刺激了人的视、听、触、嗅、味等感官，使消费者感觉到它的个别特性。随着感觉的深入，各种感觉到的信息在头脑中被联系起来进行初步的分析综合，使人形成对刺激物或情境的整体反应，就是知觉。

三、消费者的购买决策过程

消费者的购买决策过程由一系列相互关联的活动构成，它们早在实际购买发生以前就已经开始，并且一直延续到实际购买之后。研究消费者购买决策过程的阶段，目的在于使营销者针对决策过程不同阶段的主要矛盾，采取不同的营销策略。一个完整的购买决策过程一般分为 5 个阶段：认识需要、收集信息、评价方案、购买决策和购后行为，如图 4-3 所示。

图 4-3　消费者的购买决策过程

（一）认识需要

当消费者感觉到某种需要并且准备购买某种商品去满足这种需要时，对这种商品的购买决策过程就开始了。

（二）收集信息

消费者明确了购买某种商品的动机后，往往就会开始收集信息。信息的获取途径主要有以下 4 种。

1．个人来源

从家庭、朋友、邻居和其他熟人处得到信息。

2．商业性来源

从广告、售货员介绍、商品展览与陈列、商品包装、商品说明书等处得到信息。

3．公众来源

从报刊、电视等大众宣传媒介的客观报道和消费者团体的评论中得到信息。

4．经验来源

通过触摸、试验和使用商品得到信息。从消费者的角度来看，由企业控制的商业性来源信息起到通知的作用，而其他非商业性来源信息起到验证和评价的作用。

（三）评价方案

在这个阶段，消费者根据所掌握的信息，对几种备选的品牌进行评价和比较，从中确定他所偏爱的品牌。评估模式或评估过程并没有统一适用的模式，不过以下几点在了解消费者怎样评估备选产品方面很值得注意：

①产品的哪些属性是消费者感兴趣的。

②哪个属性在消费者心目中占有最重要的地位。

③消费者对每种品牌的信念（这种信念可能与该品牌的实际性能相符，但也可能因消费者有偏见而不相符）。

（四）购买决策

经过评价，消费者形成对某种品牌的偏好和购买意向。但是，消费者不一定能立即实现其购买意向，因为消费者的购买决定还受以下因素影响。

1．其他人的态度

如果与消费者关系很密切的人坚决反对购买，消费者就很可能改变购买意向。

2．不可预料的意外情况

如出现家庭收入减少，急需在某方面用钱或得知准备购买的品牌令人失望等意外情况，消费者也可能改变购买意向。

3．预期风险的大小

如果所购商品比较复杂、价格昂贵而且预期风险较大，消费者可能采取一些避免或减少风险的习惯做法，包括暂不实现甚至改变购买意向。因此，根据消费者对品牌的偏好和购买意向来推测购买决定并不十分可靠。决定了购买意向的消费者往往还要作出以下具体的购买决策：购买哪种品牌、在哪家商店购买、购买量、购买时间和支付方式等。

（五）购后行为

消费者购买商品后，往往会通过使用和他人的评判，对其购买选择进行检验，把他所觉察的产品实际性能与以前对产品的期望进行比较。消费者若发现产品性能与期望大体相符，就会感到基本满意；若发现产品性能超出了期望，就会感到非常满意；若发现产品性能达不到期望，不能给他以预期的满足，就会感到失望和不满。消费者是否满意，会直接影响他购买后的行为。如果感到满意，他下次就很可能会购买同一品牌的产品，并常对其他人称赞这些产品，而这种称赞往往比广告宣传更有效。如果感到不满，他除可能要求退货或寻找能证实产品优点的信息来减少心理不平衡外，还常常采取公开投诉或私下行动发泄不满，如向生产或经营企业、新闻单位和消费者团体反映意见，向家人、亲友和熟人抱怨，劝说他们不要购买该种产品，甚至不要购买该企业生产的其他产品。这势必会抵消企业为使顾客满意所做的许多工作，并影响企业的整体形象和市场销售。

因此，企业应采取各种措施，尽可能使顾客购买后感到满意。产品宣传实事求是并适当留有余地是途径之一。另外，企业还应经常征求顾客意见，加强售后服务，同购买者保持联系，为他们发泄不满提供适当的渠道，以便迅速采取补救措施。

任务二　绿色行为分析训练

案例分析：快时尚的绿色环保恐难兑现

可持续时尚是指以更环保的方法来设计、制造和消费服装，确保时尚行业对地球造成的伤害值最低，不会用尽所有的自然资源。可持续时尚还注重延长衣服的寿命，使用回收材料进行再利用。

根据福布斯报道，成立于1991年的People Tree是可持续时尚品牌的鼻祖。它是唯一被世界公平贸易组织（World Fair Trade Organization）认可的品牌，其大力投资于包括有机农业在内的可持续和环保行业。People Tree提倡公平的工资和良好的工作条件，使用可持续的材料，如有机棉、天然纤维和不含化学成分的染料。People Tree推崇的理念表明，即使是对材料和工艺的微小改进，也能在时尚产业中创造出重大而迫切需要的变革。此后，为了应对环境污染问题，一些快时尚品牌也进入了"可持续时尚"行业。

近年来，许多品牌推出"可持续战略"，发力于环境保护，快时尚品牌Zara母公司Inditex集团曾在2019年宣布，旗下品牌Zara、Pull&Bear、Massimo Dutti的产品将100%用可持续布料制成。根据Inditex集团发布的2021年财报，该集团在2020年生产了超45万t服装，因疫情较上年减少了约17%，与2016年近45万t的产量基本持平。倡议回收衣物的同时，并没有减少衣物的产量，在这个过程中投入的人力、物力也并没有减少，那么品牌真的是在向"可持续"发展吗？

德国常驻联合国副代表舒尔茨（Jürgen Schulz）曾表示："全世界每年生产超过1 000亿件衣物，不幸的是，很大一部分被扔进了垃圾桶。例如在德国，人们平均每年购买60件衣服，而且通常穿的时间跟15年前相比只有一半。"

众多品牌涌入"可持续时尚"市场，纷纷推出环保单品，开展回收业务。然而，市面上许多"环保面料"不可降解，甚至可能造成更大的浪费。对于一些品牌而言，"可持续时尚"只是一种营销策略，只要贴上"绿色"标签，品牌就能收割一大批热爱环保的消费者。当环保成了一种营销手段，它就成了捆绑消费者价值观的借口。仿佛一个品牌推出了可持续产品，消费者就必须争先恐后地购买以示"忠诚"。但是，随着这些环保产品在质量、实用性方面，甚至回收方面不切实际，消费者开始对"可持续时尚"疲倦。例如，探路者、李宁等国产服装品牌都推出过环保绿色的可持续产品。2021年6月，特步推出全新环保新品"聚乳酸T恤"，该产品属于能自然降解的衣服。但是，聚乳酸生物材料的痛点是不耐热、不耐紫外线。有利于环境却无法抵挡阳光，明显缺乏实用性。

用废弃材料制造再生面料，其过程涉及的步骤颇多。根据《服装废弃面料的回收与再利用》，二手服装（Second-Hand Clothing，SHC）的采购流程要求较高，所有购买的 SHC 都需要经过机洗、干燥，手动拆卸接缝，并在切割之前进行压制。另外，重新设计过程会导致纺织废料再次生成，比如因原材料上面存在污渍、打孔和一些蕾丝，都会导致产生后期生产纺织废料。在环保面料的选择上，某些面料也存在加工困难、成本高的问题。例如，竹纤维纱线选用竹为原料，利用竹浆纤维生产，要比普通面料更为纤弱，缩水率也较难控制。为了克服这些缺陷，竹纤维通常和一些普通纤维混纺。这种混纺纱线中的腈纶不是生物基，因此不可以降解。换句话说，美其名曰“可持续面料”的衣物，并不是 100%可回收。有机棉的种植过程是以有机肥、自然耕种为主，从种子到农产品必须全天然无污染，因此有机棉面料服装要比传统面料贵 50%左右。实际操作中，某些“可再生衣物”由于成本高，其定价比普通衣物的价格更高，但质地更轻薄，这并不符合某些消费者对质量的需求。可再生衣物的设计也涉及面料本身的性质，这对设计师的要求极高，所以对于品牌而言也意味着较大的人工投入。面临如此大的挑战，许多品牌仍然在推出“回收计划”，但销量不减，这种“可持续”似乎只是一个营销噱头，并没有为环境的改善做出贡献。要推行“可持续时尚”，不仅要推出“环保面料”，更要从生产投放量、成本、二次污染、消费者认可度等多方面进行落实。

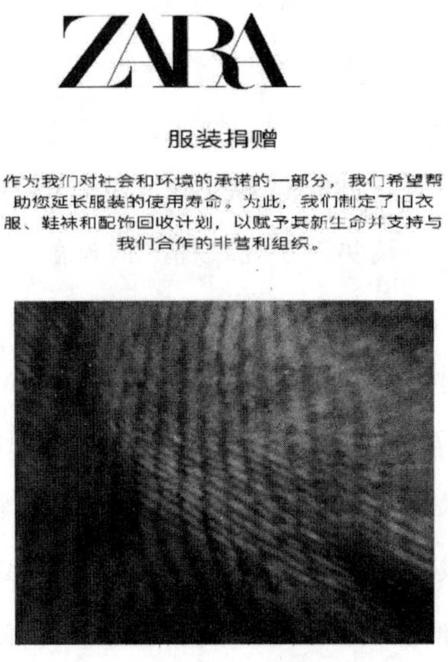

图 4-4　ZARA 微信小程序

资料来源：

“可持续”成营销新手段，绿色环保恐难兑现，https：//i.ifeng.com/c/8BBhFEspxdr。

分析训练：

1. 试分析“可持续时尚”的消费市场类型。

2. 试分析“可持续时尚”不被消费者接受的原因还有哪些。

3. 试分析“绿色时尚”企业该如何应对当前所面临的困境。

任务三　消费者市场分析实训

1. 实训目标

（1）培养学生掌握市场分析的能力。

（2）提升学生分析消费者的绿色消费行为的能力。

2. 内容与要求

（1）主要内容：小江蔬菜专业合作社发展之路。

秦皇岛小江蔬菜专业合作社位于河北省秦皇岛市，2011 年 1 月成立，成员 113 户，主要从事生姜、洋葱、大蒜、萝卜等的种植、收购、清洗加工、贮藏、销售等。合作社占地面积 570 余亩①，建有“两区一园”，即占地 2 800 m^2 的多条集清洗加工流水线和包装于一体的生产加工区、1.9 万 m^3 的高标准蔬菜冷藏保鲜区、530 余亩的绿色蔬菜种植示范基地园。经过 10 年拼搏奋斗，合作社带领成员走出了一条具有小江蔬菜专业合作社特色的跨越式发展道路。

合作社设立财务部、供应部、市场部、仓储部、行政部、加工部、农业发展部七大部门，完善种植、采购、清洗加工、预冷、低温分拣、冷藏保鲜、配送等流程，分工明确，职责清晰。健全成员大会、理事会、监事会“三会”制度，规范财务管理，配备专职会计人员，根据《农民专业合作社财务会计制度（试行）》规定，严格执行会计科目，规范会计账簿登记，依托用友软件设置电子版和纸质会计账本，及时按照要求编制会计报表，准确及时核算合作社与成员之间的交易量、合作社的盈余及盈余分配，促进合作社规范管理、快速发展。

为了更好地发挥对成员和农户的带动示范作用，合作社在蔬菜种植示范基地推广“五新”技术。一是创新经营模式。实施“统一物资投入、统一生产标准、统一技术规程、统一产品质量、统一品牌销售”的“五统一”管理。二是推广新品种。推广高产、优质蔬菜

---

① 1 亩≈666.67 m^2。

新品种，如“北京世农”等杂交新品种。先后与中国农业科学院、河北科技师范学院、国家和省蔬菜体系创新团队等建立长期合作关系，积极引进、转化最新的农业科技成果。三是控制农药和化肥的使用。增施羊粪、有机硅肥、生物菌剂等，添加有机质，实现土壤改良修复，化肥使用量减少 50%以上；进行病虫害科学防控，农药减量 35%以上。四是应用推广微滴灌技术。引进先进设施装备，应用自动化给肥水微滴灌技术，实现节约用水 50%以上。五是自主研发升级改造丸粒播种机、开沟覆膜一体机等 25 套设施。目前已在河北省省内大面积推广应用，进一步增强了作业机械化水平。“五新”技术的推广，节约了资源，降低了成本，生姜、胡萝卜的产量提高了 2 000 多斤/亩，每亩地增收四五千元。

合作社把经营、供给绿色蔬菜作为发展目标。一是严把种植关。合作社严格按照蔬菜栽培的操作规程和标准进行操作，做好各项农事活动记录。二是把好收储关。在周边 11 个省（市）设有供应基地，合作社定期派专业人员在收储环节加强指导。三是把好加工、分拣关。在清洗加工过程中，严格执行操作规程和产品质量标准，由专职人员负责挑选分级和定量包装，再进行低温冷藏保鲜。四是建立产品检测体系、质量追溯体系。2013 年，合作社办理了蔬菜商品条形编码，蔬菜有了自己的“身份证”；投资 10 万元购置了蔬菜产品农残检测设备，配备专职检测人员，实行批批检测；2018 年，合作社生姜、胡萝卜两种产品通过了国家绿色食品认证。“小江菜社”品牌先后被评为“秦皇岛知名商标”“河北省著名商标”“中国蔬菜百强品牌”“全国百佳农产品品牌”；2020 年，合作社产品又有了一个特殊的“身份证”——食用农产品合格证，实现农产品质量可追溯。合作社征集商标图案，注册了“小江菜社”牌商标和图案商标，改变了产品进入市场后面临的“一流品质、二流待遇、三流价格”的被动局面。

图 4-5 秦皇岛小江蔬菜专业合作社

资料来源：http：//www.zgnmhzs.cn/fzdt/hzsfc/202111/t20211124_7783748.htm。

（2）实训要求：实训小组结合上述企业资料对秦皇岛小江蔬菜专业合作社的消费者市场进行详细分析，并撰写报告。分析的内容要包括以下要点：

消费者市场特点：普遍性与多样性、层次性与发展性、情感性、可诱导性、互补性和替代性、地区性、季节性、流动性。

消费者购买行为的影响因素：文化因素、社会因素、个人因素、心理因素。

消费者购买行为：5W1H——Who、Where、When、What、Why、How。

消费者购买决策过程：认识需要、收集信息、评价方案购买决策、购后行为。

消费者购买行为类型：复杂的购买行为、减少失调感的购买行为、习惯性的购买行为、寻求多样化的购买行为。

3．组织与实施

（1）以项目团队为学习小组，选出项目负责人。

（2）明确组内任务及分工。

（3）小组成果展示介绍（包括组内成员的工作态度、组内合作程度、工作流程、成果质量的评价）（每组4～5分钟）。

4．评价与总结

（1）各项目团队根据实训内容进行讨论。

（2）各项目团队根据讨论结果撰写并提交实训报告。

（3）授课教师针对各组实训情况进行评价。

项目五　市场营销战略制定

任务导入

导入案例：蜜雪冰城65亿元背后的差异化商业模式创新

当代年轻人对奶茶的热衷与高度需求，让茶饮行业在近几年风头越盛。而在纷争不断的茶饮江湖中，有一个靠摆摊儿起家的茶饮品牌，在品牌创立至今的 23 年时间里，看似默默无闻，实则一直努力扩大着自己的商业版图，并悄悄坐上了茶饮界“规模 NO.1”的宝座，它就是蜜雪冰城。

在喜茶、奈雪等网红茶饮品牌的高声量与高热度之外，隐形巨头蜜雪冰城，是如何走出自己的“花路”，又是凭借什么发展逻辑实现品牌的快速扩张呢？

第一，制造爆款，坚持低价。蜜雪冰城初期推出定价 3 元/杯的柠檬水和 1 元/支的冰激凌。在两大爆品的加持下，蜜雪冰城的开店速度与经营规模达到前一年的 3 倍，营收额等于过去 5 年的总和。比起喜茶、奈雪等“后起之秀”，蜜雪冰城在消费升级的浪潮抵达之前，便已经靠爆品与低价在饮品市场占据了一席之地。为了获得更多消费者的喜爱，在对产品定价时，蜜雪冰城遵循了自己的一套商业原则：通过对产品成本的精准核算与控制，加上微量的毛利润，倒推出产品的定价，并赚取更多的品牌溢价。比如，通过对鸡蛋、牛奶和白糖等原料成本的核算与控制，即便在当年将冰激凌的售价降为 1 元/支时，依然有低利润存在。这种主打“高性价比”的定价原则，成为蜜雪冰城重要的品牌基因之一。此后的发展中，蜜雪冰城还将“高品质平价产品”作为产品定位，融入品牌文化当中。即使是在疫情期间，当头部茶饮品牌喜茶、奈雪涨价，加速奶茶迈入“30 元时代”的进程时，蜜雪冰城也依然坚持“不涨价”，成为当时一众茶饮品牌中的一股清流。相较于喜茶、奈雪、CoCo 等均价 20 元、30 元一杯的价格，蜜雪冰城的产品的确满足了多数消费能力不高的学生、年轻白领们的需求。以至于许多网友戏称其为“贫民窟男孩、女孩的奶茶救星”。

第二，定位明晰，主攻下沉市场。除了低价策略，多年以来，总部位于郑州的蜜雪冰城，一直将品牌的开店重心放在消费潜力更大的下沉市场。蜜雪冰城的门店主要遍布河南、河北、山东、四川等多个省的三四线及以下城市，基本达到了“承包”的地步。这些地方的学生、初入社会的年轻群体，就是品牌的目标消费者。三四线及以下城市，人工、房租成本都相对较低，且主要依靠“熟人营销”，在很大程度上节省了蜜雪冰城开店的成本，这其实与创始人张红超所遵循的商业原则是相符的。除此之外，比起“格调”“品味”等产品的附加价值，下沉市场的消费者更关注价格。蜜雪冰城在选址时，往往会把门店扎堆开在学校周边、商业步行街、城中村、车站等客流量较大的区域，这些地方不仅利于品牌曝光，更重要的是有大量学生、年轻人等目标消费者聚集，易形成稳定的复购率。单价不超过 8 元一杯的奶茶、3 元一支的冰激凌，再配合店内的优惠促销活动，让消费需求高、但消费能力弱的主要消费群体，在一定程度上“忽视”了价格，能消费得起但不会太“肉疼”。因此，往下沉市场走，主打高性价比的蜜雪冰城则比其他茶饮品牌更有优势。这也是为什么，过去几年，少有人在一二线城市看到蜜雪冰城的身影，对这个已有 23 年发展历程的品牌依然抱有陌生感的原因。蜜雪冰城所采取的“农村包围城市”路线，在避开了网红茶饮品牌在一二线城市的激烈厮杀的同时，还让品牌的经营规模如滚雪球般不断扩大。其商业模式与拼多多不谋而合，这也是它被大众称为奶茶界“拼多多”的主要原因。而当下，正在进驻一二线城市的蜜雪冰城，在开店选址上，依然坚持自己的商业策略，仍以学校周边、步行街旁、城中村等地为重心，避开了地价贵、成本高的中心商业区，不断地扩大着自己的门店版图。

第三，极简菜单，快速决策。如果你注意过蜜雪冰城的菜单，就会发现，区别于其他茶饮品牌，蜜雪冰城的菜单非常简单清晰，基本只做精品、爆品。除了将饮品品类作清楚的划分，蜜雪冰城还会将主打产品在菜单中作突出处理，便于消费者在看过菜单后能够快速找到自己想要购买的产品，作出消费决策。此外，蜜雪冰城的单品名字，也如同它的产品一样“实诚”，如足足半颗柠檬茶、爆有料原叶红茶、冰鲜柠檬水、雪王大圣代等。是什么就是什么，很少用让人一头雾水的名字。消费者看名字就知道原料是什么，不需要向店员询问或者自行猜测，降低了购买期间的沟通成本，也节约了消费者排队等待的时间。

第四，紧跟潮流的新营销。为了进一步吸引年轻消费者的注意力，迎合年轻人的喜好，蜜雪冰城也在营销方面下了不少工夫。线上，蜜雪冰城官方会在微博、抖音等社交平台保持活跃，通过产出内容与网友保持密切互动。在推广期间，蜜雪冰城还会号召品牌体系下超 15 000 名员工，下载并拍摄抖音短视频，助力预热宣传。

与此同时，遇到节日热点，蜜雪冰城也试图通过发起相应的品牌活动，吸引年轻消费者前来参与。比如“520”活动期间，情侣可线上领取电子证书，也可到店消费满 2 杯领取纸质证书。不需要付出太多成本的小活动，却能够在一定程度上满足年轻群体在特定节日的仪式感，加深对品牌的印象，并提升品牌本身的曝光率。

图 5-1 蜜雪冰城

资料来源：

案例研究|蜜雪冰城 65 亿背后的差异化商业模式创新-知乎（zhihu.com），https：//zhuanlan.zhihu.com/p/510254506。

思考分析：

1．蜜雪冰城成功的原因是什么？

2．蜜雪冰城是如何进行目标市场选择的？

3．蜜雪冰城市场细分的策略是否准确？

任务一 了解如何制定营销战略

一、市场细分

（一）市场细分的含义和作用

市场细分就是企业根据消费者的不同购买需求、特征和购买行为，将一个市场分为几个有明显区别的消费者群体，其中每一个消费者群体即为一个子市场或称为细分市场。通过市场细分，企业将庞大且复杂的市场划分为更小的细分市场，以便更有效地提供满足消费者需求的产品和服务。

通过市场细分，企业可以对每一个细分市场的购买潜力、满足程度、竞争情况等进行分析对比，探索出有利于本企业的市场机会，进行必要的产品技术储备，掌握产品更新换代的主动权，开拓新市场，以更好地适应市场的需要。

通过市场细分，企业可以有的放矢地采取适当的市场营销措施，按照目标市场的需求变化，及时、正确地调整产品结构，使其产品适销对路；可以相应地调整和安排分销渠道、广告宣传等，使产品能顺利、迅速地送达目标市场；还可以集中使用人力、物力、财力，使有限的资源用在“刀刃”上，从而以最低的经营费用取得最大的经营效益。

（二）有效市场细分的要求

细分市场有许多方法。然而，并不是所有的细分都是有效的。例如，可以根据食盐购买者头发颜色的不同，将他们分为淡黄色头发的顾客和浅黑色头发的顾客，但是购买食盐与头发的颜色无关。要使市场细分有效，必须满足下列要求。

1. 可衡量性

细分市场的规模、购买力和基本情况是可以衡量的。如果某些细分变量或购买者的需求和特点很难衡量，细分市场后无法界定，难以描述，那么市场细分就失去了意义。一般来说，一些带有客观性的变数，如年龄、性别、收入、地理位置、民族等，都易于确定，并且有关的信息和统计数据也比较容易获得；而一些带有主观性的变数，如心理和性格方面的变数，就比较难以确定。

2. 可进入性

可进入性是指企业能够进入所选定的市场部分，能进行有效的促销和分销，实际上就是考虑营销活动的可行性。一是企业能够通过一定的广告媒体把产品的信息传递到该市场众多的消费者中；二是产品能通过一定的销售渠道抵达该市场。

3. 可盈利性

细分市场的规模要大到能够使企业足够获利的程度，使企业值得为它设计一套营销规划方案，以便顺利地实现其营销目标，并且有可拓展的潜力，以保证按计划能获得理想的经济效益和社会效益。

4. 差异性

差异性是指细分市场能被区别，并且对不同的营销组合因素和方案有不同的反应。

5. 可操作性

企业必须能够设计有效的方案吸引并服务于细分市场。

（三）市场细分的变量

市场由消费者组成，消费者可能在一个或者多个方面各不相同，如需求、居住地、购买态度和购买行为。市场营销人员必须单独或者综合考虑各种市场细分变量或变量组合，以便找到最佳的分析市场结构的方法。常用的市场细分变量有以下因素。

1．地理因素

地理因素即将消费者活动的地域环境作为细分市场的依据。这种细分需要考虑的因素主要有地理位置、城市规模、气候条件及人口密度等。地理因素是在市场细分中应用很广的变量，特别适用于那些并不指望吸引广泛、分散的顾客的中小规模的市场营销活动。其主要理论依据是：处在不同地理位置的消费者有不同的需要和偏好，他们对企业所采取的市场营销战略及措施的反应也有所不同。例如，北方人喜面食，南方人习惯吃米饭。企业需要针对不同消费者的不同需求和偏好，采取行之有效的方法开展营销活动。

2．人口因素

人口因素是最常用的细分消费者群体的基础变量，原因是消费者的需求、愿望随人口因素的不同而变化；同时，人口因素比其他因素更易于测量。市场细分需要考虑的人口因素有性别、年龄、家庭人口、收入、职业、教育、民族、文化程度等。性别的差异在服装、化妆品和杂志等领域表现得尤为明显。在按年龄进行市场细分时要注意根据人口统计资料了解人口年龄分布，以掌握不同年龄段人口数量和比重，确定市场容量的大小；根据家庭进行市场细分时，家庭人口的数量是细分市场的重要切入点；收入作为市场细分变量在汽车、游艇、服装、化妆品、旅游等领域早就被众多商家使用。

3．心理因素

在市场细分时，人们发现，同年龄、同性别，甚至受教育程度相同或同一地区的消费者，他们对商品的爱好和评价也有所不同，这主要就是心理因素的影响。如人们的生活方式不同，消费倾向和需要的商品也不一样。生活方式与消费者的经济收入、文化素养、价值观念有很大关系，营销者只有准确把握不同生活方式的特征及相关消费群体的特点，才能达到预期的营销目的。心理学家认为，具有不同性格的人，其消费需求及购买行为的差异也很大。例如，性格外向的人购买情绪型商品较多，性格内向的人则注重购买实用类商品；性格独立性较强的人会自己决定购买何种商品或服务，受外界影响较小，而依赖性较强的人，则经常受外界因素的影响。

4．购买行为因素

购买行为因素一般包括购买频率、购买状态、购买动机以及对厂家的信赖程度等。企业要根据消费者购买时机、消费者追求的利益、消费者使用状况、消费者忠诚程度等行为因素来细分市场。例如，从购买时机来讲，空调、冷饮、墨镜等产品显然有一个夏季的消费者细分市场，电暖气、羽绒服等则有一个冬季的消费者细分市场；从追求利益来讲，有的消费者追求商品物有所值，有的则追求高品位的商品等；从使用状况来讲，可以将消费者分为非使用者、未使用者、潜在使用者、首次使用者和经常使用者等，实力雄厚的大公司一般注重培养长期用户，营销重点是潜在用户，而中小公司一般以经常使用者为对象，营销重点在于稳定本产品的消费群体；从忠诚度来讲，可以分出 4 个细分市场，即单一品牌忠诚者、几种品牌忠诚者、品牌忠诚转移者和无品牌偏好者，深入调研品牌忠诚度，便于营销者采取有针对性的营销策略。

（四）市场细分方法

1. 单一因素法

单一因素法即运用一个细分标准对市场进行细分。如服装市场按性别细分为男装和女装。

2. 综合因素法

综合因素法即运用两个或两个以上的标准对市场进行细分。综合因素法的核心是并列多因素分析，所涉及的各项因素都无先后顺序和重要性区别。

3. 系列因素法

系列因素法即运用两个或两个以上的标准对市场进行细分，但必须依据一定的顺序由粗到细依次细分，下一阶段的细分是在上一阶段选定的子市场中进行的，细分的过程同时也是一个比较和选择子市场的过程。

（五）市场细分的基本流程

市场细分是寻求目标市场的一种有效的科学方法，是企业进行目标市场选择的前提和基础。一个整体市场之所以可以细分为若干个子市场，主要是因为消费者的需求存在差异。市场细分的基本流程如下。

1. 了解市场基本情况

需要了解的市场基本情况包括以下几个方面：消费者对企业及其产品和服务的了解有多深？即将推向某一市场的产品是新产品还是旧产品？市场细分的目的是什么，是增加现有消费者对产品的忠诚度，还是吸引新的消费者，抑或将消费者从竞争者那边吸引过来？市场细分是为短期规划服务还是为长期战略服务？企业管理者和销售者对现有市场结构的看法如何？

2．确定市场细分的依据

市场细分必须考虑各种因素（以地理、人口、心理和行为 4 个方面的因素为主），根据具体的产品特征和市场特征，找出最重要的一个或者几个因素，以此为依据优化市场结构，实现营销目标。

3．选定产品的市场范围

企业应根据自己的任务和追求的目标，制定发展战略，继而选定产品的市场范围。产品的市场范围应根据市场的需求而不是产品的特性来确定。

4．列举潜在消费者的基本需求

选定产品的市场范围以后，企业可以运用头脑风暴法，从地理因素、人口因素、心理因素和行为因素等方面出发，大致推断潜在消费者的基本需求。营销策划人员在这一环节所掌握的情况有可能不全面，但却为以后的深入分析准备了基本资料。

5．分析潜在消费者的需求差异

对潜在消费者进行抽样调研，并对其需求变数进行评估，从而了解其共同需求及其需求差异。

6．排除潜在消费者的共同需求

分析潜在消费者的需求差异后，应排除其共同需求。共同需求固然重要，但它们只能作为营销策略组合的参考，不能作为市场细分的依据。市场细分需要大量的市场调研资料作为支撑，对样本量有较高要求。例如，多城市研究的成功样本应在 1 000 份以上。

7．确定细分市场

确定了符合现实的市场细分方案之后，下一步就是要获得关于市场细分的额外信息，并对其进行分析，以确定细分市场。

8．命名细分市场

确定好细分市场之后，要为每个细分市场命名。细分市场的名称应该能准确概括该市场的内涵，体现该市场的特征，并且要有意义，令人难忘。

9．描述细分市场

对细分市场进行简洁明了的描述是必要的，内容如下：细分市场的名称、使细分市场产生差异的重要因素、对细分市场中消费者群体的简要描述、以细分市场为目标利用“4P”营销理论获取相关信息。

二、目标市场选择

企业进行市场细分的目的就是选择目标市场。目标市场是指企业经过市场分析、比较和选择后决定进入的细分市场。目标市场是一个消费者群体，他们有共同的需求或特点，企业也正是为这些需求来服务的。正确选择目标市场，是目标市场营销战略成败的关键步骤。

（一）决定目标市场的因素

1. 市场因素

市场因素主要包括市场规模、市场容量、市场增长率、年销售增长率、市场生命周期、季节性，以及顾客对价格、服务类型及外部因素的敏感程度等。

2. 竞争因素

竞争因素主要包括竞争对手的类型及对市场的重视程度、竞争类型的变化、竞争对手市场份额的变化及新技术的替代性等。

3. 经济因素

经济因素主要包括分销渠道宽度、规模经济、进入和退出的壁垒等。

4. 技术因素

技术因素主要包括技术的成熟性及可变性、技术的复杂程度、技术被复制的难易度，如是否属于专利技术等。

5. 社会政治因素

社会政治因素主要包括公众的态度及价值取向、法律法规、消费者运动及消费者素质等。

6. 企业目标和资源因素

企业必须考虑对细分市场的投资与企业的目标和资源是否相一致。某些细分市场虽然有较大吸引力，但若不符合企业长远目标，也要放弃。即使这个细分市场符合企业的目标，也必须考虑本企业是否具备在该细分市场获胜所必需的技术和资源。

（二）目标市场选择标准

1. 有一定的规模和发展潜力

企业进入某一市场期望能够有利可图，如果市场规模狭小或者趋于萎缩状态，企业进入后难以获得发展，此时，应审慎考虑，不宜轻易进入。

2. 细分市场结构是否具有吸引力

（1）细分市场内同行业竞争者

如果某个细分市场已经有了众多的、强大的或者竞争意识强烈的竞争者，那么该细分市场就会失去吸引力。

（2）潜在的新进入竞争者

如果某个细分市场可能会有大量争夺市场份额的新的竞争者，那么该细分市场就会没有吸引力。问题的关键是新的竞争者能否轻易地进入这个细分市场。根据行业利润的观点，最有吸引力的细分市场应该是进入的壁垒高、退出的壁垒低。最坏的情况是进入细分市场的壁垒较低，而退出的壁垒很高。

（3）替代产品

如果某个细分市场存在替代产品或者有潜在的替代产品，那么该细分市场就会失去吸引力。替代产品会限制细分市场内价格和利润的增长。公司应密切注意替代产品的价格走向。

（4）购买者的讨价还价能力

如果某个细分市场中购买者的讨价还价能力很强或正在加强，该细分市场就没有吸引力。购买者会设法压低价格，对产品质量和服务提出更高的要求，并且使竞争者互相斗争，所有这些都会使销售商的利润受到损失。

（5）供应商

如果公司的供应商（原材料和设备供应商、公用事业、银行、工会等）提价或者降低产品和服务的质量，或者减少供应数量，那么该公司所在的细分市场就会没有吸引力。如果供应商集中或有组织，或者替代产品少，或者供应的产品是重要的投入要素，或者转换成本高，或者供应商可以实行联合，那么供应商的讨价还价能力就会较强大。因此，与供应商建立良好关系、开拓多种供应渠道才是防御上策。

3. 是否符合企业目标和能力

某些细分市场虽然有较大吸引力，但不能推动企业实现发展目标，甚至分散企业的精力，使之无法完成其主要目标，这样的市场应考虑放弃。同时，还应考虑企业的资源条件是否适合在某一细分市场经营。只有选择那些企业有条件进入、能充分发挥其资源优势的市场作为目标市场，企业才会立于不败之地。

（三）目标市场的营销策略

目标市场的营销策略是指企业对客观存在的不同消费者群体，根据不同商品和劳务的特点，采取不同的市场营销组合的总称。一般而言，目标市场的营销策略有 3 种：无差异营销策略、差异营销策略和集中营销策略。

1. 无差异营销策略

无差异营销策略是企业以一种产品、一种市场营销组合，试图在整个市场上吸引尽可能多的消费者的策略。这种策略以整个市场作为销售对象，着眼于消费者需求的同质性，对消费者需求的异质性忽略不计。这种策略的优点是：产品的品种、规格、款式单一，企业便于标准化和大规模生产，有利于降低产品开发、生产、仓储、运输、促销等方面的成本，使企业以较少的成本争取更多的消费者，从而实现规模效益。其缺点是：不能满足不同消费者之间的差异需求与爱好，难以适应市场需求的发展变化，而且极易造成市场竞争激烈和市场饱和。

2. 差异营销策略

差异营销策略是企业推出多种产品，采用不同的市场营销组合，以满足各个细分市场不同需求的策略。这个策略针对消费者的不同需求来组织生产，希望通过每个细分市场获得不俗的销售成绩和准确的市场定位，以树立企业的整体形象，带动所有产品的销售。这种策略的优点是：它是一种多元化经营，能较好地满足不同消费者群的需求与爱好，易适应市场需求的发展变化，有利于树立企业的整体形象，增强企业的市场竞争能力，从而扩大销售。其缺点是：多品种、少批量生产可能导致企业的产品改进、生产、仓储、销售等成本和管理费用的提高，同时，营销组合的多样化也可能致使企业资源短缺、能力受限。显然，实施这一策略，企业在提高销售量的同时，也提高了生产成本。因此，该策略的采用应权衡其带来的收益与增加的成本之间的关系。

3. 集中营销策略

集中营销策略是企业集中力量推出一种或少数几种产品和市场营销组合手段，满足一个或少数几个子市场的需求，以期在竞争中获取优势的策略。这种策略往往为小企业所采用，它着眼于消费者需求的差异性，重点放在某一个或几个消费者群；小企业不期望在较大市场上占有较小份额，而宁愿在一个或少数几个细分市场上获得较大的市场占有率。这样，小企业就可以充分利用有限的资源，发挥其在某些方面的优势，提高产品的市场占有率。这种策略的优点是：第一，经营对象集中，有利于深入了解目标市场的需求和爱好，有针对性地营造产品特色，使消费者的需要得到更好的满足。第二，因为产品较少，可以在生产和营销方面实行专业化，以降低成本、增加盈利。第三，企业集中了全部资源，有利于在这一特定子市场范围内取得有利地位，与竞争强手抗衡。其缺点是：风险比较大，因为企业的目标市场范围较小，企业回旋的余地不大。如果目标市场情况发生变化，如出现强大的竞争对手、价格下跌、消费者偏好转移等，企业就可能陷入困境。因此，采用这种策略的企业，必须密切注意目标市场的动态变化，尽早制定应对策略，以减少经营风险。

（四）目标市场选择的基本流程

目标市场选择，即在制定衡量细分市场吸引力的标准后，选择一个或几个要进入的细分市场。目标市场选择的基本流程主要包括评估细分市场和选择营销策略两个环节。

1. 评估细分市场

在市场细分的基础上，企业需要评估各种各样的细分市场，并确定哪些是值得进入的目标市场。评估细分市场时，必须注意 3 个因素：细分市场的规模与发展前景、细分市场目前和潜在的盈利能力以及企业的目标和资源。

2. 选择营销策略

评估不同的细分市场后，企业需要决定究竟为几个细分市场服务，并可以根据不同的情况，选择不同的营销策略（无差异营销策略、差异营销策略和集中营销策略）。企业在选择营销策略时，应考虑企业的实力、产品的同质性、市场的同质性、产品所处的生命周期、竞争对手的目标市场策略等方面因素。

三、市场定位

市场定位是企业进行差异化市场竞争的重要手段。企业通过市场定位可以进一步明确服务对象，更好地满足目标顾客的需求，可以赋予产品更多的特色，为企业树立与众不同的市场形象，以鲜明的特色、形象吸引目标顾客群体。准确的市场定位有利于企业深入了解目标消费者的需求，制定营销组合策略，并在此基础上有针对性地制定相应的产品、价格、分销和促销等组合营销策略，有的放矢开展营销，才能在与对手的市场竞争中取得鲜明的优势。

（一）市场定位的含义与作用

市场定位就是确定产品在目标顾客群心目中的形象，通过传递特定信息，使其将该品牌与竞争对手区分开来（竞争区间），以占据细分的市场空间。市场定位的作用包括以下几个方面。

1. 定位制造差异

差异化是市场定位的首要原则。市场定位中的差异性可能来自企业的产品与竞争者产品之间的差别，因此市场定位中的差异主要来自以下几个方面：

①质量：产品质量是否更为优越，更经久耐用？企业能否作出质量保证？

②外观：产品外观是否能满足消费者特别的审美要求？

③方便：产品使用是否更方便、更易于操作？

④舒适：产品服务是否能让消费者获得更为舒适、愉悦的体验？

⑤价格：产品价格是否更为优惠？是否像产品本身一样具有吸引力？

⑥服务：企业是否提供了更多的超越竞争者的完善的服务？

⑦利益：使用该企业的产品究竟能给消费者带来多少利益和好处？

⑧绿色因素：企业所提供的产品是否具有绿色环保的特点？

当然，市场定位中的差异因素远不止这些，还包括很多有形或无形的因素。企业与竞争者的差异越大，其市场定位优势越明显，产品形象也就越突出。但没有多项差异也不要紧，只要有一项特别出色，就能打动消费者的心。

2. 辅助目标实现

在具体的营销策略中，营销策划人员往往需要回答涉及营销策略组合的多种问题。各项营销策略直接影响营销目标的实现，而这些策略的依据是否正确是其是否有效的关键。只有将市场定位作为各项策略的依据，将各项手段相互配合、整合，向消费者传达产品的市场定位信息，才能使产品在目标市场中占据更大的份额。

3. 创造竞争优势

对于企业而言，关键不是对产品本身做些什么，而是做些什么才能打动消费者。如今，企业仅凭上乘的质量或低廉的价格已难以获得竞争优势。国外一项研究表明，市场上各种品牌的化妆品之间的品质差异远低于它们之间的价格差异。成功品牌的竞争优势主要来源于其市场定位。

具有某种优势是进行市场定位的有利条件，但市场定位本身不是竞争优势，不过它能创造竞争优势，营销策划人员在进行市场定位时会发现，市场定位带来的竞争优势并不见得是产品自身的优势，甚至可能正是自身的弱势，而之所以定位于此，是因为存在市场空隙。

（二）市场定位的原则

1. 简明原则

消费者具有喜欢简单、讨厌复杂的心理。越是简单、明确的信息，越容易被消费者识别和接受。产品各有特色，关键在于企业要预先筹划好以什么特色打动消费者。一言以蔽之，突破这道屏障的诀窍就是定位要简明，集中力量于一个重点并将其深深地印在消费者心中。

2. 个性化原则

有差别意味着有距离，而距离是可以拉近的，无法拉近的是产品的个性。个性往往是一种无形因素，人们知道它的存在，却无法追随。市场定位应遵循个性化原则，即赋予产品或品牌独有的个性，以迎合相应的消费者的个性。

在挑选产品时，消费者会理性地考虑产品的实用功能，同时评估不同产品所表现出的个性。当产品的个性与他们的自我价值观相吻合时，他们就会选择该产品，并利用该产品来彰显自己的个性。

营销策划人员可以从产品的物理特性和功能利益出发，确定其市场定位，但这一定位并不仅仅是产品的物理特性和功能利益的总和，它还含有另一些完全属于精神层面的东西。例如，万宝路、西部牛仔和马究竟有什么必然的联系呢？没有！万宝路、西部牛仔和马的形象使消费者产生自由、奔放、帅气、强劲而有力量的联想，这完全是从精神层面出发，从而让消费者吸万宝路香烟时自然而然地产生这样的心理感受。至于香烟本身的特性和功能，与这种心理感受关系不大。企业所做的只是将产品的包装、广告和其他手段与其市场定位相匹配。

3．动态调整原则

动态调整原则就是要求企业在变化的环境中，摒弃传统的以静制动、以不变应万变的静态定位思想，对环境时刻保持高度的敏感，及时调整产品的市场定位，开发产品的新性能来满足消费者的新需求，或者偏移和扩大原有的定位点，以做到驾驭未来，而非经营过去。企业只有不断调整自己的经营目标、产品种类、技术水平、管理方式、营销策略，才能适应环境，焕发生命力。

（三）市场定位的基本流程

1．确定目标消费者的需求特征

企业在确定目标消费者的需求特征时需做到以下 3 点：①研究目标消费者的个体特征（年龄、所处人生阶段和职业）；②了解相关群体对目标消费者的影响；③调研目标消费者所需利益的特征。

2．研究竞争者的市场定位

（1）调研竞争者的产品在目标消费者心目中的形象

产品在目标消费者心目中的形象一般分为高质量高价格、高质量低价格、低质量高价格、低质量低价格和质量价格均一般等。营销策划人员可以通过问卷调研的形式，了解目标消费者对竞争者的产品的看法。

（2）了解竞争者的经营状况

竞争者如何经营和经营状况如何，对企业的市场定位有重大影响。一般来说，当竞争者某一产品的经营状况相当不错时，企业要尽量规避与竞争者采取相同的市场定位；当竞争者的经营状况欠佳时，企业则可以考虑采取同一市场定位，抢夺竞争者的市场。

（3）预测竞争者的发展潜力

在市场定位之前，营销策划人员应设法了解更多关于竞争者未来发展潜力的信息。例如，购买竞争者的商业情报或留意竞争者在人才培养、设备引进等方面所采取的措施。

3. 确定企业的市场定位

企业经营的产品不同，面对的顾客不同，所处的竞争环境也不同，因而市场定位的方式也不同，企业进行市场定位的方式可以是多维度的。

（1）根据产品特色定位

根据产品本身的特征确定它在市场上的位置。构成产品内在特色的许多因素都可以作为市场定位的依据，如产品功能、成分、材料、质量、档次、价格等。

（2）根据产品利益定位

根据产品本身的属性及由此带给消费者的利益、解决问题的方法以及重点需要满足的程度来定位也能使消费者感受其特色。

（3）根据使用者类型定位

企业把产品推荐给某一类型的潜在使用者，根据使用者的心理与行为特征，以及特定消费模式塑造恰当的形象。

（4）根据竞争需要定位

企业根据竞争者的特色与市场位置，结合企业自身发展需要，将本企业产品定位在与其相似的另一类竞争者产品的档次，或依据与竞争直接有关的不同属性或利益进行定位。

4. 传播企业的市场定位

建立与市场定位相一致的企业形象。营销策划人员要积极、主动地向目标消费者宣传企业的市场定位，首先要在目标消费者心目中留下符合企业市场定位的鲜明形象，其次要尽力使目标消费者认同、喜欢和偏爱企业的市场定位。

巩固与市场定位相一致的企业形象。即不断强化企业在目标消费者心目中的形象，与目标消费者保持沟通，稳定目标消费者的态度，加深目标消费者的感情。

矫正与市场定位不一致的企业形象，当发现目标消费者对企业市场定位的理解模糊、混乱时，营销策划人员一定要对其进行矫正。这种模糊、混乱可能是主题太多所致，也可能是市场定位变换频繁所致，这就要求营销策划人员及时发现问题并作出快速反应。

5. 实施市场定位策略

当选择好市场定位后，紧接着就要考虑如何采取策略把市场定位落到实处，一般有以下 4 种策略可供选择。

（1）填补定位策略

填补定位策略是指企业为避开强有力的竞争对手，将产品定位在目标市场的空白部分或空隙部分。此策略可以使企业避开强大的竞争对手，迅速在市场上站稳脚跟，并能在消费者或用户心目中迅速树立一种形象。这种策略风险较小，成功率较高，常常为多数企业所采用。

（2）并列定位策略

并列定位策略是指企业将产品定位在现有竞争者的产品附近，服务于相近的顾客群，与同类同质产品满足同一个目标市场群体。采用此策略有一定的风险，但这是一种更能激励企业奋发向上的可行的定位尝试，一旦成功就会取得巨大的市场优势，因为这个市场往往是规模大且最有利可图的部分。

（3）对抗定位策略

对抗定位策略是指企业要从市场上强大的竞争者手中抢夺市场份额，改变消费者原有的认识，挤占对手原有的位置，自己取而代之。采用此策略的目的在于企业准备扩大自己的市场份额，有决心并且有能力击败竞争者。

（4）重新定位策略

重新定位策略是指随着企业的发展、技术的进步、社会消费环境的变化，企业对过去的定位加以修正，使企业拥有比过去更多的适应性和竞争力。

任务二　市场营销战略分析训练

案例分析：“徐汇苑”楼盘企划方案

2001 年 5 月，上海金胜产品营销策划有限公司同时与几家专业的房地产推广公司竞争“徐汇苑”楼盘的销售广告项目，“徐汇苑”的开发商是上海航新房地产有限公司。为了保证公司提交的企划方案能够在竞争中胜出，击败其他竞争对手，拿到该广告企划项目，上海金胜产品营销策划有限公司总经理陈总必须尽快确定最佳方案。根据市场调研进行消费者心理定位，是广告策划的基础，直接影响广告策略的制定，关系到楼盘在市场上的销售效果。“徐汇苑”邻近徐家汇，地处内环线以外，地段不是很理想；房价偏高，而且房型并不是很符合中国人的传统要求。陈总在做决定时，既要面对这些客观存在的问题，还要承受开发商对“徐汇苑”高质量的过分自信所带来的压力。只有先确定恰当的消费者心理定位，结合“徐汇苑”自身的优点，在消费者心目中建立一个属于该楼盘的独特“品牌”概念，才能把握好“卖点”，从而扭转该楼盘在购房者心目中的“不理想”形象，使得楼盘能够在竞争激烈的房地产市场中胜出。这是公司创意部首先要做的前期执行工作。

“徐汇苑”楼盘位于上海徐汇区天钥桥路西侧、中山南二路南侧，一期工程占地18万m^2，为全装修型现房。二期10万m^2住宅正在规划中，并将规划一所高级会所。楼盘于2001年8月2日正式开盘，平均价格定为8 000元/m^2，物业管理费为每月3元/m^2。“徐汇苑”在工程全部完成之后才开始租售，而不像一般的房地产公司在开发建设初期以预售证回笼资金，这在上海房地产市场上是不多见的，显示了开发商的雄厚实力和自信心。这是金胜产品营销策划有限公司为楼盘搞营销策划时所要考虑到的。

1.“徐汇苑”的地理位置

“徐汇苑”楼盘的总体地理位置不甚理想。众所周知，徐家汇地区可以重点分为3个中心。一是由虹桥路、肇嘉浜路、漕溪北路和天钥桥路环绕而成的徐家汇商业圈；二是处于漕溪北路与天钥桥路之间位于徐家汇商圈以南的上海市体育中心；三是位于天钥桥路与宛平南路之间的龙华旅游城。尽管紧靠内环线和上海市目前最大的商业圈——徐家汇商业圈，但由于该楼盘地处内环线以外，离徐家汇的“三个中心”仍有一段距离，因此显出其地段不甚理想的一面。

2.“徐汇苑”周围的交通环境

“徐汇苑”对于楼盘地理位置的选择使它陷入了一个尴尬境地：粗看，该楼盘北临八万人体育馆，看绿草如茵；南望龙华古寺，听暮鼓晨钟。上有轻轨联络，下有地铁穿梭，更有十里内环高架四通八达。10余条公交线路近在咫尺；另外，小区自备有穿梭巴士，穿行于市区中心与小区之间，构筑了一个现代立体交通网络。但亲身体会，这些便捷的交通需要业主步行10余分钟方可享受到。

3.“徐汇苑”周边的住宅区

“徐汇苑”周边的住宅区主要有与之一墙相隔的强生花园，均价6 000元/m^2；龙华西路中山路口的宜仕宜家，均价也在6 000元/m^2，除去这两个楼盘为毛坯房的因素，如果按全装修加上1 000元/m^2计，徐汇苑的房价仍属偏高，具有较大的勉强性。

4.“徐汇苑”的房型结构、内部装修及物业设施

“徐汇苑”每套房型均为明厅、明卧、明厨、明卫设计。由于追求高品位，内部装修采用的建材都较为高档，不少采用了国内外名牌产品。小区有绿地2.5万m^2，有配备700个车位的大型地下车库，安装了电脑环网供电系统、电子安保网络、“水、电、煤”三合一电脑远程抄表系统、电脑车库自动刷卡系统，统一设置了公共电视接收系统。小区目前

设有健身房、棋牌室、乒乓球房、阅览室、儿童娱乐设施等。小区还建造了商业配套综合楼，有自助银行、邮局、中西餐厅、便利店、美容美发沙龙等。经上海市公安局徐汇区分局批准，小区特设外国人、港澳台居民、华侨临时住宿登记处。为了提升文化品位，财力雄厚的投资商特别在“徐汇苑”旁增建了南洋模范中学的南校区。

但“徐汇苑”的最大缺点在于房型不理想，由于建筑设计师是新加坡人，对中国国内住宅需求不甚了解，故设计的房型不能很好地满足上海人的生活需求。目前销售的5号楼和6号楼，房型设计为一梯8户，正南向的比较少。这种房型进深较大，通风、采光受到一定影响。房型采用大厅小卧室设计思路，且卧室面积大、中、小分布不明显。南向的阳台大多安排在厨房外，其受阳面宽只有1 m多，整套房无处晾晒衣物，所有的衣物必须经烘干机处理后烫平，这样的生活上海人能适应的并不多。南向窗的设计普遍太小。上海是冬冷夏热地区，冬天的阳光对上海人来说特别珍贵。“徐汇苑”南向客厅和卧室的窗普遍太小，在上海目前外挑低窗设计普及的情况下，“徐汇苑”仍沿袭老式的窗户款式设计，表明设计师对上海市民的需求缺乏了解。

开发商和消费者是营销策划最直接也最密切的相关对象。除了对楼盘这个产品做充分细致的了解之外，金胜产品营销策划有限公司还了解了目标消费者的需求和心理趋势；对上海整个房地产的宏观环境有所透视，并密切关注主要竞争者的动向。开展了市场调研并收集到了以下资料。

1. 开发商的意图

开发商投资开发“徐汇苑”，是想将其建成一个高档住宅区。由于开发商具有很强的资金实力，所以并不十分关注资金的快速回笼，而希望将住宅区的品位和档次放在第一位。所以开发商将出售的楼盘进行了全装修，等到工程完全结束之后才开始出售，且将楼盘的均价放在一个较高的水平上，达到8 000元/m^2，希望入住的人群为外籍人士或社会中高层人士。开发商私下里认为“卖得掉的是不需要广告的”，希望通过找到合适的广告企划公司凸显“徐汇苑”的优势和特色，找准楼盘的市场定位，打出品牌，使“徐汇苑”成为上海房地产市场上的知名楼盘，显示出自身的实力。

2. 对消费群体的调研

从调研问卷的统计结果来看，参加调研的欲购房者大部分为25～35岁的年轻人，占调研人数的73%；家庭年收入6万～10万元的占37%，家庭年收入10万元以上的占32%；这些参加调研人员大部分是首次购房，占调研人数的66%；而购置第二套、第三套的投资型购房者比例为34%。80～150 m^2的户型最受欢迎。在参加调研的购房者中，准备购买面积80～150 m^2的中等户型的，占被调研总人数的66%，其中准备购买100～150 m^2的购房者占37%，准备购买 82 ~ 100 m^2 的购房者占 29%。准备购买 150 m^2 以上大户型的占 12%，而准备购买 60 m^2 以下小户型的最少，仅占 6%。在这些购房者中，准备购买两居室的占 39%，准备购买三居室的占 42%，准备购买四居室的占 11%，准备购买一居室的最少，占 7%。

根据市场调研，对于希望的住房标准，选择无装修的消费者占一半，选择精装修和厨卫装修的占 40%。这说明目前人们在房屋标准的需求上也是不同的，精装修作为一种趋势已开始为人们所接受。当问到房源选择的原因时，40%的被调查者选择了生活设施齐全，价格因素排在第二位。购房关注因素这一项最多可以选择 5 项，11 个选项依次为周围环境、价格与户型、交通条件、地理位置、服务设施、物业管理、开发商信誉、社区规模、交付入住时间、装修标准、其他。价格与户型的重要性在这里凸显出来，人们对住宅功能性的要求也很高。周围环境、交通条件也是两个非常重要的因素。但结果同时表明，消费者对开发商信誉和社区规模的重视程度不够。开发商的信誉与实力其实是一个比较重要的因素，最起码，信誉好、实力强的开发商是可以信赖的，不至于交上钱以后找不着开发商，或者房子建起来以后发现和当初的承诺不是一回事。

随着生活水平的不断提高，业主对居住环境、生活舒适性的要求越来越高，这其中包含太多的内容，从生活的便利度、专属性和层次感到居家生活的品位化、时尚化，这些都是开发商在打造产品时必须认真思考和解决的问题。

经过调查分析，公司认为有能力选择“徐汇苑”这一档次楼盘的消费者一般集中在 35 ~ 50 岁、能承受 70 万元以上房价的私营业主、高级白领（高层主管）和海外关系者。这一年龄层次的私营业主在商业成功迅速致富之后，开始追求社会地位的提升和生活档次的提高。而高级白领这一群体由于工作稳定、薪资高，一般处于单位的中高管理阶层，拥有较高层次的文化水准，受西方发达国家文化的影响较深，追求精致的生活和情趣。他们对住宅的要求不仅体现在硬件上，更希望获得高品质的软件服务。他们追求国际化的生活，渴望进一步与国际接轨，注重生活质量。海外关系者包括外籍人士和投资商，他们对住宅的要求高，且经济实力强。上述人士和消费群体普遍事业成功，所以住宅的价格并不是其选择楼盘最主要的考虑因素，如何把握他们的购房心理并进行准确的市场定位是问题的关键。

3. 同时期竞争者对楼盘的市场定位

同时期的房地产广告定位大致走过了地段诉求、绿化诉求、文化诉求 3 个阶段，也就是所谓的打着“概念楼盘”的旗号，当前众多的房地产开发商又把重点放在“智能小区”上，正如某些开发商自言：“智能化不做不行，它是一个卖点。”

例如，“强生花园”的市场定位是“强生花园”是中国的剑桥城，提出“与八万人体育场一街之隔，一座承继剑桥人文素质传统的贵族化社区诞生”的口号。其在广告语中说道，

"剑桥，闻名全球的桂冠学府，是英国乃至欧洲素质气质的典范，杰出的人文教育、浓郁的贵族氛围，培养了一批批哲学家、诗人、科学家，发生在剑桥的故事，也成为经年流传的佳话……2000 年，在上海徐家汇一群追求时尚的都市人，汲取剑桥的智慧灵感，采集英国贵族的气质，开始了一场充满品位、格调与健康的新生活之旅……"打的完全是"剑桥概念"，小区里的建筑物都以英国名胜和名人命名，如住宅楼叫白金汉宫座、维多利亚座、伊丽莎白座，休闲的亭子叫剑桥亭等，用剑桥的生活方式和文化品位吸引消费者。又如，徐家汇"师大森呼吸"楼盘位于上海师范大学东区校园旁，其定位就是绿色生活和高校的文化氛围。"现实的都市人是很少动容的，而师大呼吸的绿却不得不让您感动，纯净雅致的社区与上海师范大学东区校园仅一墙之隔，人文荟萃，学风浓郁，上海化工高专、冶金高专、国际教育交流中心、世界语言学校等十余所学校又环绕四周，近半个世纪以来的书香浸染，让这里的一草一木都蕴含深厚的文化底蕴。浩如烟海的万卷藏书，随处可见的书斋墨香，让这里的生活气质儒雅高贵！和着清风鲜氧传来的是琅琅书声，邻居都是教授学者，谈笑有鸿儒，往来无白丁。孩子幼小的心灵在书香滋养中成长，从小耳濡目染，彬彬有礼。"绿色和文化成为其广告的切入点。

4. 当前上海市房地产政策、市场及相关信息

金胜产品营销策划有限公司从宏观方面了解到房地产政策、市场等方面的信息。从收集到的资料，上海房地产市场务实超前，进入了新时期，个人购房已成为住宅市场主流，全市有 4 000 多家开发商，2000 年销售量超过竣工量。上海买房人关心的是房价、房型、房屋质量、环境、绿化率、安全、物业管理等。

2001 年上海房地产市场的变化有：购房年龄有变化，36～45 岁的购房者占主导地位，26～35 岁的购房者占比上升了 5.4 个百分点。交通环境大变化直接带动了周边楼市的活跃。房产新政策带来变化。2001 年推出《上海市商品住宅性能认定标准》，一系列措施既保护了购房者利益，又规范了房地产市场的运作。外来军团使竞争对手发生变化，各地市场成功的开发企业凭借雄厚资金和先进有效的营销理念，纷纷抢滩上海。营销理念发生新变化，优秀的前期规划设计、良好的售后服务显现其重要性。

总体来看，上海房地产市场的供需将基本平衡，商品房价格趋于理性。目前人们普遍认为房价还会上升，这种"买涨"心理也会对价格产生作用。房地产消费多元化、审美个性化的特征逐渐形成。消费者购房不仅重视房地产的价格，也重视房型、使用功能、地段位置和环境，同时比以往更追求一种文化理念。

综上所述，要把"徐汇苑"成功地推销出去，金胜产品营销策划有限公司在进行营销策划时所要面对的难题如下：

1. “徐汇苑”地处内环线以外，交通不便利，地段不理想。

2. 相对于同等档次的竞争者，房价偏高。

3. 设计的房型不能很好地满足上海人的生活需求。

4. 开发商“自我感觉”良好，对“徐汇苑”楼盘过分自信，希望将其高品质和档次放在第一位。

实际上，金胜产品营销策划有限公司已经察觉到，开发商的这种意图与“徐汇苑”产品本身存在的问题有一定差距和一定程度的冲突。既要为开发商服务，满足他们的意图，又要着眼于产品的客观现实情况，这就是金胜产品营销策划有限公司所要面对的难题。创意部在经过前期的信息收集和市场调研后，确定了必须面对的主要难题和矛盾冲突，开始分析和定位方案的策划。首先要做市场分析，分析供给市场是一个什么样的情况，需求市场是一个什么样的情况，然后对比一下供求结构、关系。从中寻求可操作的空间，找出“徐汇苑”的市场空间。空隙在哪里？哪一块市场更适合“徐汇苑”并且在当前还未被周边其他房地产公司发掘？

该公司对“徐汇苑”楼盘总结概括如下：

“徐汇苑”的优势在于：物业齐全，管理水准较高，全装修现房所用建材高档；开发商实力雄厚。

劣势在于：地段不佳；交通不便；房型不佳；房价高，价格抗性；存在周边楼盘的激烈竞争，主要有“强生花园”。

通过调研，该公司认为楼盘的目标消费群是明确的，而且在周边的房产竞争市场中也存在一定程度的空白。由于“徐汇苑”的均价达到 8 000 元/m^2，在房市上处于较高水平（如比“强生花园”高 1 000 ~ 1 500 元/m^2），所以目标市场应为社会上收入较高的中上阶层人士，包括近年来崭露头角的私营业主、高级白领、外籍人士和投资商。这批人收入高，追求地位、品位和声誉，对住宅的要求较高，而“徐汇苑”符合上述条件。基于以上几点考虑，创意部逐渐形成了以下 3 种市场定位的角度。

1. 形象定位

针对具有一定抗性的房型这一不良因素进行考虑。房型是大众比较关注的项目，也是造成退定的一大因素。但是通过一定的形象包装，“徐汇苑”房型上不尽如人意的地方是可以改善的。比如，采光方面，房间显得不够方正，那么，就强化户户朝南、采光好的特点。上海人尤其看中这一点，所以更应加以强调，让它的作用掩盖房间角落多的劣势。针对“徐汇苑”较为特殊的地段，即地处“三城一线”特殊地段，考虑以此为专题打广告，通过版面的设计，以图形强化出三城（徐家汇商城、上海体育城、龙华旅游城）。围绕在

“徐汇苑”的情况，以及周边的立体交通，让人们直观了解“徐汇苑”的地段，及其带来的内容丰富的生活、便捷惬意的出入环境。

10年前，在房地产商之间反复流传这样一句名言：搞房地产第一是地段，第二也是地段，第三还是地段。10年后，在房地产商之间又盛行这样一个理念：搞房地产第一是环境，第二也是环境，第三还是环境。从地段走向环境，是发展商的成熟，更是消费者的成熟。人们通常把环境理解为自然山水、人造景观、喷泉、广场，这也就是通常发展商所努力塑造的自然环境。但环境的内涵不仅是这些，还应该包括丰富多彩的社区环境，如名医看病、名校读书、名店购物、名物业管理、名酒店吃饭、名演员表演等。从环境和交通方面来看，“徐汇苑”有着独特的优势，该公司因此希望通过强调楼盘产品本身的特色，在消费者心目中突出一个最佳的形象来取得市场上的“卖点”。

2. 概念定位

该方案是基于以下考虑：目前房地产市场上流行“概念楼盘”，消费者对此较为关注和认同，接受程度较高。不少开发商依靠“概念楼盘”取得了不错的效果，有不少经验可以借鉴，这可以弥补公司在房地产营销方面经验的不足。“徐汇苑”的投资商新加坡马信贷地产有限公司在东南亚的房地产市场上有不错的声誉，且楼盘设计师也为新加坡人士。中国消费者对新加坡这个城市国家有好感，认为其现代化、国际化、生活水准高，整洁、规范。所以将楼盘定位于新加坡概念能够体现国际化和现代感。这一概念还可用来强化“徐汇苑”是高档住宅区，有新加坡式的环境、新加坡式的住宅和装潢、新加坡式的物业及服务管理等，而且能体现开发商的背景。

3. 文化定位

住宅的品质、品位大幅提高，决定了房地产项目和产品的生命力。任何产品在解决了“有没有”之后，便进入了“好不好”的时代。作为商品，在很多方面住宅和电视机都有相同的特性和属性。产品的品质、品位在一定程度上决定了产品的价值。我们常看到，盖了没有几十年的楼宇被拆掉，原因虽然很多，但恐怕最主要的是它没有“文化”的保留价值。巴黎街头大多是一两百年前的建筑，即便它的实体在拆改，它的外表仍保留着原貌，因为那是有文化的。人们选择物业的过程实际上也是在选择邻居，他们既不想与比自己富裕很多的人住在一起，也不愿意与比自己穷很多的人住在一起，而是希望同与自己生活水平相当、生活方式类似、有着相近文化观念的人住在一个小区。文化因素在顾客购房决策中越来越受到重视，在综合因素的多项指标中，文化因素的权重正越来越突出。随着人类物质文明的不断发展，人们从满足基本生理需求逐渐延伸为对文化艺术精神享受的追求。基于这种趋势，创意部提出了第三种方案，这一方案针对“徐汇苑”目标受众的特点，提出小区的目标是提供一种全新的生活方式，着力宣扬这种生活是一种国际化的社区生活，是高品位、精致舒适的小区生活，市场定位使购房者发现，品味高品质的生活成为可能，宣扬购房者所属阶层的特定价值和身份，满足消费者对“自我身份”肯定的心理。

资料来源：

Case1 有关 STP 战略的案例-市场营销学学习网站（gdut.edu.cn），https: //marketing.gdut.edu.cn/info/1068/1072.htm。

分析训练：

1．金胜产品营销策划有限公司不是从“徐汇苑”楼盘本身来定位，而是从消费者心理来定位，你认为这两者的定位有何区别？从消费者心理来定位的做法是否合适？

2．你认为房地产的市场细分一般会采用什么方法？

3．试分析本案例中金胜产品营销策划有限公司采用了什么方法制定营销战略？

任务三 制定营销战略实训

1．实训目标

（1）理解市场营销战略分析与策划的步骤、方法和技巧。

（2）培养学生制定绿色营销战略的能力。

（3）培养学生市场细分、目标市场选择、市场定位的能力。

2．内容与要求

（1）主要内容：绿色消费趋势下，中国绿色食品行业网如何借势挖掘新增量空间？

伴随现代人们生活水平的不断提高和在追求健康生活状态的新风尚引导下，绿色消费风气逐渐兴起并在近几年成为大势所趋，这直接引发了人们对绿色食品的巨大市场需求，也推动了绿色食品和有机农产品消费市场的高速发展。不过，现如今，庞大的绿色消费市场需求仍然未被充分挖掘，市场还存在诸多增量空间，并逐渐成为各个企业和商家分寸必争的新战场。在这样的形势之下，如何紧抓住绿色消费风口，率先挖掘出更多新增量空间，对于各个企业和商家来说，是接下来运营的关键。

拥有绿色食品行业丰富从业经验的企业家王广江表示：“在流量成本日渐高涨的当下，企业要想挖掘出更多新增量空间，需要逐渐从单纯的流量收割转化为用户价值的培育和沉淀。”基于这样的理念和想法，企业家王广江凭借对行业市场敏锐的洞察力，率先作出反应，联合了知名互联网平台 5G 云平台，打造出“中国绿色食品行业网”这个线上智能商城，实现线上布局的同时，也为用户提供直购渠道。

同时，为了能够更加全方位地提升用户体验，中国绿色食品行业网创始人王广江在5G云平台的帮助下，将新开发出的“5G 云直播”带货系统内嵌到中国绿色食品行业网的移动端中，一键打通电商平台与直播带货模式。最终搭建出了线上电商商城与直播销售两者相结合的“移动商城+在线云直播”的全新模式。在为用户营造出沉浸式、高强互动性的消费场景之际，也让企业以电商直播来赋能运营，实现近距离的产品展现和销售。再将用户引流到社群，增强了企业与用户之间的黏性。

图 5-2　中国绿色食品行业网首页

资料来源：

绿色消费趋势下，中国绿色食品行业网能否借势挖掘新增量空间？https：//www.sohu.com/a/487024980_120466754。

（2）实训要求：实训小组结合上述企业资料，进一步深入充分了解企业的市场、行业背景情况，为企业制定绿色营销战略，并形成完整市场营销战略分析与策划书面报告（3 000 字以上）。

3. 组织与实施

（1）以项目团队为学习小组，选出项目负责人。

（2）明确组内任务及分工。

（3）小组成果展示介绍（包括组内成员的工作态度、组内合作程度、工作流程、成果质量的评价）（每组 4～5 分钟）。

4. 评价与总结

（1）各项目团队根据实训内容进行讨论。

（2）各项目团队根据讨论结果撰写并提交实训报告。

（3）授课教师针对各组实训情况进行评价。

项目六　绿色营销策略制定

任务导入

导入案例：市场风云变幻，格力“向上”之道

从一个年产值不到 2 000 万元的“空调器厂”到一家“多元化的全球型工业集团”，从一个小小的广东电器厂到我国空调行业的领军者，珠海格力电器股份有限公司（以下简称格力）俨然成了本土品牌崛起的重要代表。然而，我国的空调行业正从增量时代转向存量时代，效能标准、市场需求、行业竞争等方面的变化也在推动行业变革——市场风云变幻，格力如何增强其品牌力，实现品牌“向上”发展？

自 1995 年起，格力已连续 20 余年保持空调行业销售量第一的位置。在品牌价值层面，格力连续多年蝉联中国品牌价值评价榜家电行业榜首，并多次上榜《财富》世界 500 强、福布斯“全球企业 200 强”。在企业营收方面，格力在 2012 年突破了千亿元规模，在 2018 年基本实现了“再造一个格力”的发展目标，并进一步提出要在 2023 年实现 6 000 亿元的营收目标。但是，实现这一发展目标，显然并非易事。

首先，空调市场正从增量时代转向存量时代，更新换代成为行业发展的第一动力，这对格力的技术创新、产品创新提出了新的要求。一方面，新能效等相关政策标准的实施和实际上空调行业技术的升级，都在推动空调产品的整体升级迭代。另一方面，随着消费水平的提升，消费者对空调产品的功能及品质要求也不断提高与细化。中国电子信息产业发展研究院发布的《2020 年中国家电市场报告》显示，2020 年的家电市场需求端和供给端都表现出对于“富功能”产品、细分功能产品、高端产品的热情，主打智能、舒适、健康等功能的空调备受市场认可。

其次，空调市场近年来的竞争格局正在发生显著变化，应对竞争对手的步步紧逼，成为格力“向上”发展的另一个动力。近年来，美的、海尔等品牌转型升级加速，多元化业

务拓展迅猛，其空调品类也得到了市场的认可。例如，2020 年美的空调营收已经超过格力。奥维云网数据显示，2020 年美的已经占据线上空调市场的第一位。在线下市场，格力虽然仍保持首位，但仅比美的高出 0.4 个百分点。而在高端空调市场，海尔卡萨帝则占据着头部位置。可见，格力想要保住自身的空调霸主地位，压力极大。

在内生发展和行业竞争的要求下，格力的“向上”需要做到市场份额的“向上”提升、产品渠道等经营力的“向上”优化、品牌形象的“向上”升级。对于格力来说，实现“向上”发展的主要策略体现在两个方面：一是基于其强大的科研实力，结合消费者洞察与数据，创新产品生产，提升产品的竞争力；二是积极探索直播带货等新销售渠道，打通线上、线下，向新零售模式转型。

技术与数据驱动，提升产品力，第一，格力强大的科研能力始终是其产品创新的有力支撑。公司 2020 年年报显示，格力拥有全球最大的空调研发中心，4 个国家级研发中心，15 个研究院，近千个实验室，近 1.5 万名研发人员。强大的科研团队之外，格力也掌握了不少“核心科技”。截至 2020 年年底，格力累计申请专利 79 014 项，其中发明专利 40 195 项。格力与空调有关的专利申请接近 3 万件，围绕一台空调所构建的专利壁垒十分细致，进一步保障了其空调产品的竞争力。

第二，在技术的基础上，格力以消费者为中心，创新产品生产，提升产品竞争力。2019 年年底京东、奥维云网联合发布的《空调新消费主义白皮书》显示，随着“90 后”和“00 后”登上消费市场舞台，他们对节能、舒适、智能等类型产品的关注度急剧提升。同时，新冠疫情的发生也进一步强化了消费者对健康、杀菌等功能的要求。对此，格力秉持“开发一代、研究一代、储备一代”的产品研发思路，围绕“健康”“舒适”积极开发系列新品，如以新风系统优化室内空气的空调柜机、以 UVC 对空调内进行杀菌的挂机。在提升舒适性方面，格力在 2020 年实现了柜机分布式送风普及化、分体机送风技术和制热技术升级，以满足消费者对健康空气、舒适生活的各种需求。

第三，格力还瞄准细分人群市场，推出差异化、定制化产品。早在 2007 年，格力便推出了全行业第一台“睡眠空调”，主打“改善睡眠环境”。此后，格力又针对儿童群体推出了“智慧鸟”儿童空调，不仅具备儿童专属睡眠模式等功能，其内置的 AI 科技还能提供学习资源。2021 年，格力进一步针对老年人体质和空调使用习惯，推出了“馨天翁”长者空调，加入了专为老年人定制的空调制冷运行算法等。以技术为依托，以消费者需求为指引，格力积极创新推出更细致、更贴心的产品，进一步夯实其产品力。

第四，通过加强与互联网平台、电商平台等的合作，格力正在实现更加高效地捕捉消费者需求、优化产品创新。例如，2017 年，格力与天猫达成百亿元战略合作，并将数据合作视为重点，以实现 C2B（Customer to Business，消费者对企业的反向定制模式）定制；2019 年，格力与天猫再次达成战略合作，进一步深化 IoT、新品创新等领域的合作。合作以来，格力连续多年保持天猫“双 11”活动中空调行业销售额第一名；其根据天猫反馈数据创新推出的健康空调以及其他品类产品如空气能热水器等，也获得了市场认可。

早在 1994 年，格力便率先推出家电行业的淡季返利、年终返利等政策，解决淡季生产资金问题，缓解供货压力；1997 年，格力成立首家股份制区域销售公司“湖北格力空调销售公司”，通过“统一”的方式建立起了专业化销售模式；2003 年，格力对各地股份制销售公司进行增资控股，进一步完善了专业代理模式；2004 年，格力开始自建专卖店渠道；2011 年，格力进一步将渠道销售全部转移至北京盛世恒兴格力国际贸易有限公司，统一渠道管控，规避专卖店间的恶性竞争……格力一次次引领渠道变革，也夯实了其行业领先地位。

格力于 2019 年开启新一轮渠道改革，大力发展电商及直播带货，形成以“格力董明珠店”为核心的新零售模式。格力的新零售模式主要有两种：其一，消费者通过观看电商直播，进入“格力董明珠店”下单，通过格力的物流配送体系将订单商品发送至终端网点，由距离消费者较近的门店进行安装等后续服务；其二，消费者由线下终端经销商引流至“格力董明珠店”，消费者下单及后续环节与前者相同，但格力最终会将销售额分配至经销商，以提升经销商参与渠道变革的积极性。同时，“格力董明珠店”也向经销商开放“网批”的窗口，进一步弱化销售公司和代理商的职能。

从效果来看，格力的渠道变革初具成效。2020 年，董事长董明珠直播带货共计 13 场，直播总销售额达到 476 亿元，约为 2020 年全年格力营业总收入的 1/4。2020 年，格力线上空调市场的份额升至 28.99%，仅落后美的约 5 个百分点。随着格力渠道变革的进一步推进，其渠道力将进一步加强，为其品牌“向上”发展提供有力支撑。

基于市场份额“向上”提升、品牌形象“向上”拔高等发展要求，格力在营销传播活动中选择了借助大平台来凸显品牌高度、放大品牌声量。同时，格力也在积极探索营销创新，希望实现与消费者的深度沟通，提升消费者对格力的品牌认知度与好感度。

就产品、品牌消费而言，消费者的消费行为会与其心智模式保持一致，而消费者心智模式的建立是基于品牌长期的沟通积累。

首先，格力具有明确且统一的品牌定位，无论是“好空调，格力造”还是“格力，掌握核心科技”，均有力凸显了格力空调的产品力。

其次，格力自成立起便积极借助中央级媒体的力量——从中央电视台到中央广播电视总台（以下简称总台），通过高举高打使格力家喻户晓，并建立起了空调专家形象。近年来，格力进一步深化了与总台的传播合作，借总台的“品牌强国工程”等服务打造强国品牌形象，提升品牌力。其一，格力通过总台的黄金广告位实现强势品牌曝光。根据总台公布的“品牌强国工程”服务方案可以看到，格力获得了总台电视、广播以及新媒体的核心硬广资源，通过多平台、多场景的广告覆盖，全面触达消费者。除此之外，在2020年东京奥运会期间，格力还投放了总台全套硬广套装，借助总台大平台以及奥运大IP强势触达海量消费者。格力所投放的各类广告分布在重点赛事及时段栏目，全面覆盖消费者观赛路径以及赛事热点，进一步增强品牌曝光，强化品牌认知。其二，格力通过总台的传播活动及传播服务实现对其品牌的立体化呈现。自合作以来，总台通过《品牌行动》《对话》等栏目对格力全国巡回直播系列、驰援抗疫一线、技术创新与荣誉等内容进行了较为全面的报道，向消费者持续讲述格力的品牌故事，传递品牌理念。除此之外，2020年1月，总台还为格力等品牌举办了“CCTV品牌·艺术·中国展”——“我们的春节”主题展，为格力提供了品牌文化和艺术理念展示平台，让消费者得以感受格力的工匠精神。其三，格力也积极借助总台这一平台提升其全球话语权。董事长董明珠表示，总台能在对外频道传播格力品牌，面向全球展现格力电器在创造、制造方面的能力和水平，对企业是非常有利的，并表示未来将希望和总台一起加强“中国工业制造”“科技创新”等主题宣传。总之，格力始终与总台紧密合作，采用高举高打的方式强势传递品牌形象与品牌理念。通过总台的传播活动、传播服务，格力以软硬结合的方式深化消费者对自身品牌的认知。

积极探索营销创新，增强品牌活力。借助主流媒体高举高打之外，格力也在构建新媒体传播矩阵，创新营销方式，增强与消费者的沟通，进而为品牌注入新的活力。

首先，格力通过多平台布局全面构建传播通道，并采用单一账号运营的方式增强形象的统一性。目前格力的新媒体渠道建设已覆盖微博、微信、抖音、快手等平台，并取得了一定的运营成绩，积累起一定的粉丝数量及粉丝黏性。新媒体传播矩阵的搭建，为格力创造了更多与消费者直接接触与沟通的机会，拉近与消费者的距离；同时通过多样化的内容传播，如员工日常、产品上新、技术创新与荣誉等，全方位将格力呈现在消费者面前，使其形象更加丰满与立体。

其次，格力在线上、线下全面融合新零售的形势下，也在积极探索营销创新，采用年轻消费者更加喜闻乐见的营销手段，重塑其对格力的认知。

一是围绕新产品，创新其功能展示与宣传。2019年9月，格力在北京798艺术区开展了“格力泡泡屋”网红打卡活动；10 月，格力推出快闪店“G 密所”，并在北京、上海、南京、重庆等多个城市的地标场地亮相。快闪店“G 密所”从入口到出口，是对格力新风空调健康空气解决方案的一次生动展现，将新风空调的功能、技术等特点嵌入每一个富有趣味及吸引力的活动与场景中。

二是探索品牌传播新方式，为品牌注入新鲜感。2019 年，格力推出了一首 RAP（说唱）歌曲，通过生活化、场景化的讲述，以无限洗脑音乐的方式占领消费者心智。并通过贯穿 RAP 歌曲前、中、后的“好空调，格力造”以及“质量保障”“不一样的功率”等歌词，巧妙地强化了格力的品牌定位。格力还将“董明珠的店”带到了线下，在上海落地了以“格力新鲜”为主题的快闪店，设计了“真鲜空间”“鲜美如厨”等四大主题互动空间，集中且生动地展现了格力的空调、生活电器等产品特点；同时通过将格力的产品与真实的生活状态、场景相结合，进一步展现了格力创造品质生活的品牌形象。

三是联合天猫、抖音等平台开展整合营销，探索品效合一。2019 年“天猫超级品牌日”，格力基于新产品“冷净风”空调的独特卖点，提炼了“世界喧嚣，我自冷净”的品牌主张。基于此，一方面在微博、微信、知乎等新媒体平台上展开话题营销，另一方面推出商业电视广告（television commercial，TVC）将产品卖点与社会痛点相结合，实现品牌与年轻受众的沟通。2021 年的“天猫超级品牌日”，格力进一步发起了“家里的空气抖是好”抖音挑战赛，通过全民参与的方式提升消费者对健康空气的重视，进而突出格力新风空调的特点及优势。

企业家品牌重塑，活化品牌理念。格力通过大平台、大声量的传播实现品牌形象的强化、深化，通过创新营销方式拉近与消费者的距离，并为品牌注入新鲜感、新活力，而董事长董明珠的个人品牌形象及影响力为格力品牌发展进一步带来附加值。

在格力品牌发展过程中，董事长董明珠是绕不开的人物之一，尤其是自董明珠亲自为格力代言起，其个人品牌与企业品牌紧密捆绑。一直以来，董事长董明珠在塑造个人品牌、扩大个人影响力的同时，也进一步扩大了格力面向公众的曝光，拉近了格力品牌与公众的距离，立体化了格力的品牌形象。

在格力品牌“向上”发展的态势中，董明珠的个人品牌形象也在不断更新，二者相辅相成、相得益彰。早期，董明珠作为制造业代表性企业家，因其强大的业务能力、严格的企业管理风格等而被冠以“铁娘子”“销售女皇”之称。此后，从“弃用”成龙做代言到与雷军的“10 亿赌约”，再到备受热议的格力手机及其开机画面，诸多热点事件让董明珠品牌形象趋于网红“董小姐”。而随着“让世界爱上中国造”品牌理念提出，为“中国造”

代言的企业家形象也逐渐成形，董明珠积极出席各类大会、活动、专访，通过发言、演讲以及自媒体平台为“中国造”发声。当下，董明珠进一步延展了其为“中国造”代言的形象，进一步呼吁“中国标准”和“中国认证”。在企业家形象的加持下，格力与“中国造”连接得更加紧密，为格力的高质量发展提供了认知基础。

同时，企业家的品牌形象塑造也更加立体生动，更能引起消费者共鸣，在重塑品牌与年轻消费者关系的同时，激发其对格力品牌及格力文化的认同。早期董明珠的品牌塑造主要依靠产品品牌广告以及话题事件，传播模式单向、传播内容单调；随后，借助董明珠自媒体平台，董明珠形象更加立体全面；如今，进一步借助“内容营销”等方式使品牌形象更加灵动。2021 年，董明珠参与了一档职场类综艺，通过直接“教”“带”职场新人，将格力的用人理念、人才培养观念等企业文化细节“植入”其中。同时，职场与新人等场景与痛点问题进一步引发了年轻消费者人群的共鸣，潜移默化地影响了消费者对董明珠以及对格力品牌的认知方式。

围绕品牌“向上”发展的目标，格力在 C 端空调品牌方面，从产品、渠道以及营销传播等方面做了诸多探索与创新，但仍不足够，品牌的发展有赖于格力整体经营实力的提升与品牌建设的完善。下一步，格力还需进一步提升 B 端的经营能力，进一步建设格力、晶弘以及大松等品牌矩阵以形成品牌合力，进一步强化产品创新与深化渠道改革，全面提升格力的品牌竞争力。

资料来源：

市场风云变幻，格力“向上”之道，https: //baijiahao.baidu.com/s? id= 1715806638556137797&wfr=spider&for=pc。

思考分析：

1．格力是如何实施营销战略的？

2．试分析格力进入市场的渠道、模式及其优势有哪些？

3．格力的营销策略对于其他企业的发展有哪些启示作用？

任务一　了解绿色营销组合策略

一、营销组合

（一）营销组合概述

营销组合是企业市场营销战略的一个重要组成部分，是指将企业可控的基本营销措施组成一个整体性活动。市场营销的主要目的是满足消费者的需求，而消费者的需求很多，要满足消费者需求所应采取的措施也很多。因此，企业在开展市场营销活动时，必须把握住基本性措施，将其合理组合，并充分发挥整体优势和效果。

营销组合这一概念是由美国哈佛大学教授尼尔·鲍顿于 1964 年最早采用的，他确定了营销组合的 12 个要素。随后，理查德·克莱维持教授将营销组合要素归纳为产品、价格、渠道、促销。

营销组合是制定企业营销战略的基础，做好市场营销组合工作可以保证企业从整体上满足消费者的需求。市场营销组合是企业对付竞争者强有力的手段，是合理分配企业营销预算费用的依据。

（二）营销组合的作用

企业营销管理者正确安排营销组合对企业营销的成败有重要作用：

（1）可扬长避短，充分发挥企业的竞争优势，实现企业战略决策的要求。

（2）可加强企业的竞争能力和应变能力，使企业立于不败之地。

（3）可使企业内部各部门紧密配合，分工协作，成为协调的营销系统（整体营销），灵活、有效地适应营销环境的变化。

（三）营销组合应用的一般原则

为更好地发挥市场营销组合的上述作用，在具体运用时须遵循下列原则。

1. 目标性

营销组合首先要有目标性，即制定市场营销组合时，要有明确的目标市场，同时要求市场营销组合中的各个因素都围绕这个目标市场进行最优组合。

2. 协调性

协调性即协调市场营销组合中各个因素，使其有机地联系起来，同步配套地组合起来，以最佳的匹配状态，为实现整体营销目标服务。可根据要素的相互关联作用组合得当、和谐一致。

在组合方案中，也可以重点选择几个因素进行组合搭配，如产品质量和价格的关系直接影响市场营销组合整体策略的优劣，将二者进行多方案选优，可以组成 9 种不同的组合策略方案，企业可据此进行知己知彼的分析，包括竞争对手组合策略分析和本企业资源、技术、设备等的情况分析，切实推行价值工程，进而达到预期营销目标。

3. 经济性

经济性即组合的杠杆作用原则，主要考虑组合的要素对销售的促进作用。

4. 反馈性

从营销环境的变化到企业营销组合的变化，要依靠及时反馈市场信息。信息反馈及时，反馈效应好，就可随营销环境变化及时重新对原市场营销组合进行反思、调整，进而确定新的适应市场和消费者需求的组合模式。

二、绿色产品策略

（一）产品

广义的产品（product）是指人们通过购买而获得的能够满足某种需求和欲望的物品的总和，如冰箱、电脑、旅游度假、心理咨询、美容美发等都是产品。产品既包括有形产品，也包括无形的服务产品，还包括产品出售时的附加服务。对于消费者来说，产品是一种满足他们需要的复杂利益的结合。

（二）绿色产品及分类

绿色产品（green product）是指在其生命周期全程中，符合特定的环境保护要求，对生态环境无害或危害极小，资源利用率高，能源消耗低的产品。绿色产品从生产到使用乃至废弃回收处理的各个环节都对环境无害或危害很小。

绿色产品的类型有以下几种：

可回收利用型：经过翻新的轮胎；回收的玻璃容器；再生纸；可复用的运输周转箱（袋）；用再生塑料和废橡胶生产的产品；用再生玻璃生产的建筑材料；再生石膏制成的建筑材料等。

低毒低害型：非石棉闸衬；低污染油漆和涂料；粉末涂料；锌空气电池；不含农药的

室内驱虫剂；不含汞和镉的锂电池；低污染灭火剂等。

低排放型：低排放雾化油燃烧炉；低排放燃气焚烧炉；低污染节能型燃气凝汽式锅炉；低排放少废印刷机等。

低噪声型：低噪声割草机；低噪声摩托车；低噪声建筑机械；低噪声混合粉碎机；低噪声、低烟沙土城市汽车。

节水型：节水型冲洗槽；节水型水流控制器；节水型清洗机；节水型卫浴产品等。

节能型：燃气多段锅炉和循环水锅炉；太阳能产品及机械表；高隔热多层窗玻璃；新能源电动汽车等。

可生物降解型：以土壤营养物和调节剂制成的混合肥料；易生物降解的润滑油、润滑脂等。

（三）整体绿色产品

从市场营销角度，我们通常将产品看作由核心产品、形式产品和延伸产品所构成的一个价值整体。整体绿色产品就是从产品的这一价值整体出发，以诱导和满足消费者绿色消费需求为目的，在企业中树立绿色产品整体营销观念，推行整体绿色产品的设计、开发、生产、营销。

1. 绿色核心产品

绿色核心产品是指产品的使用价值或核心利益，它是消费者所购买的真正目的之所在。绿色核心产品的重点是改进消费者消费的核心产品，使产品所能提供的核心利益与消费者所追求的利益相一致。其实质是在提供产品使用价值的同时，满足消费者绿色消费的心理与行为需要。

2. 绿色形式产品

绿色形式产品就是绿色核心产品的实现，是广大消费者可实实在在感受到的产品实体。它通常包括产品外观式样、品质、特征、品牌及包装等方面。

3. 绿色延伸产品

绿色延伸产品是指消费者在购买与使用过程中所获得的形式产品以外的附加利益，如产品的赠品、使用指导、免费送货、咨询、售后服务等。绿色延伸产品主要是指企业提供延伸产品的绿色化，例如，允许消费者免用产品包装，从而既节省了资源又使消费者减少了购物支出；又如，对儿童车实施回购，一旦儿童长大不再需要时，供应商可以打折回购，从而使产品物尽其用，同时又减少了消费者的支出；向消费者提供绿色服务包括绿色环保观念宣传、绿色产品介绍、绿色产品售后服务、绿色产品质检及为鼓励消费绿色产品而提供的附加利益等。

（四）绿色产品组合策划

绿色产品组合策划是指一个企业提供给市场的全部产品线和产品项目。产品线是指在功能、销售对象或制造工艺等方面密切相关的一组产品，俗称产品系列。产品项目是产品线中具体的产品品种，每一个具体品种就构成一项产品项目。产品组合要具有一定的深度、宽度和关联性。深度是指每一产品线中所拥有的产品项目数，宽度是指公司拥有的产品线数目，关联性是指公司的各条产品线在功能、用途、生产技术、销售渠道等方面相互关联的程度。企业可从这3方面对其产品组合状况加以分析，同时这3方面也为企业制定产品战略与策略提供了依据。

绿色产品组合策划是以引导与满足绿色需求为导向，构建既适应市场环境和环保要求，又适合企业能力与发展要求的良好绿色产品组合的手段集合。对于提供绿色产品与服务的企业来说，在满足社会的物质与文化生活需要的同时，还必须满足社会日益增长的绿色消费需要，并在满足社会绿色消费的过程中盈利，寻求可持续性发展。绿色产品组合策划是在对产品组合的分析评价基础上，为寻求企业最优的绿色产品组合而采取的对策。其主要含义是，经常根据环境变化与企业发展需要调整企业绿色产品线与产品项目的构成，促进企业推进技术进步以不断加入新的绿色产品，淘汰老旧产品，从而让企业绿色产品组合的合理性与盈利性发挥出来。

1．产品线的市场覆盖策划

（1）适用于多条绿色产品线企业的策略

产品线全面策略即企业所经营的各条产品线都在其目标市场上大力发展。

产品线专业性策略即企业重点发展某一条或几条所选定的产品线。

特殊产品专业性策略即企业重点发展某些具有特殊环保用途或特定绿色特征的产品。

地区性策略即在某些特定地区销售某一产品线的绿色产品，以符合地区生态或环保需求。

（2）产品线填完或产品线延伸策略

企业任一条产品线中都包含若干产品项目，产品线填完策略是指为满足市场不同的需求，或因竞争及产品发展的需要而在产品线中增加产品项目数。

产品线延伸策略是指以某一条产品线为轴，向其上游（如更高档产品）或其下游（如低档产品）或双向延伸，以扩大该产品的市场覆盖面。

（3）产品线现代化策略

由于科技进步，当企业产品线的生产设备、技术、工艺已难以适应新的环境要求时，就应考虑采用何种方式（渐进还是迅速）使产品线现代化；此外，推动产品线上产品的改进也是产品线现代化策略的重要内容。

（4）产品线差异化策略

产品线差异化策略是企业在众多竞争产品中突出本企业产品市场形象的重要策略。对于绿色产品线而言，该策略重点在产品线中的某一或某几个产品项目上突出其绿色特征，以提高本产品线的整体市场形象。

2．产品间的市场角色策略策划

在当今竞争激烈的市场环境中，营销活动必须有的放矢，根据公司战略战术对产品的市场功能进行策划。就像一场篮球赛，5 个队员的分工不同，只有相互配合才能取胜。同样，在市场竞争环境中，只有赋予不同产品明确的市场角色，并使之相互配合，才能获得竞争优势。一般而言，根据产品的市场角色，可以将其分为市场引爆产品、市场主销产品、市场防御产品、市场辅助产品 4 种类别。

3．产品生命周期组合策划

产品生命周期（PLC）是一个产品从投入市场经历成长、成熟到衰退，最终退出市场的整个过程。产品生命周期各阶段的特点决定了常用的营销策略。产品生命周期一般以产品销量和利润的变化为标志分为 4 个阶段，即导入期、成长期、成熟期、衰退期，如图 6-1 所示。

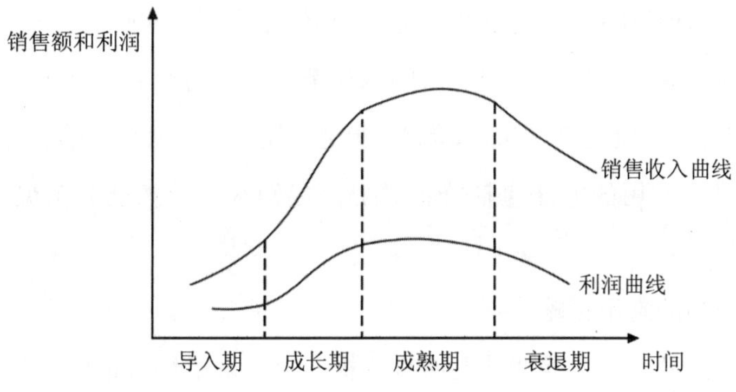

图 6-1 产品生命周期

（1）导入期产品的常用策略

在导入期，由于产品刚进入市场，且尚未最终定型，消费者对产品不熟悉且鲜有人购买，因而销售额缓慢增长，为提高市场的认知度、建立销售渠道而需要大量的导入费用，尚无法带来利润回报。这也是新产品的扩散期，是企业为保持长期市场地位必须不断进行市场投放的一个阶段。长期没有新产品投放的企业是缺少生命力的，其市场地位将很快被市场竞争者取代。

（2）成长期产品的常用策略

产品进入成长期后，市场对产品的认知度提升，对产品的功能逐步接受，市场销量快速增长，企业也开始获得相应的利润回报。处于成长期的产品是企业未来主要的利润增长点，因此，开发并保持一定数量的优质成长期产品是公司营销战略中非常重要的工作。在策划成长期产品的主要思路有以下 4 种：

①改善产品品质，如增加新的功能、改变产品款式、开发新的型号、开发新的用途等。对产品进行改进，可以提高产品的竞争力，满足顾客更广泛的需求，吸引更多的顾客。

②寻找新的需求未被满足的细分市场，根据需求组织生产，迅速进入这一市场。

③改变广告宣传的重心，从介绍产品转向建立产品形象，树立产品品牌，维系老客户，吸引新客户。

④适时降价，以激发那些对价格比较敏感的消费者产生购买动机，采取购买行动。

（3）成熟期产品的常用策略

对于成熟期的产品，宜采取主动出击的策略，使成熟期延长，或使产品生命周期出现再循环。为此可以采用以下 3 种策略：

①市场调整。这种策略不是要调整产品本身而是要发现产品的新用途、寻求新的用户或改变推销方式等，以提高产品销量。

②产品调整。这种策略是通过对产品进行调整来满足顾客的不同需要，从而吸引不同需求的顾客。整体产品概念任何一个层次的调整都可以视为产品再推出。

③营销组合调整。即通过对产品、价格、渠道、促销 4 个营销组合因素加以综合调整，来刺激销量的回升。常用的方法包括降价、提高促销水平、扩展分销渠道和提高服务质量等。

（4）衰退期产品的常用策略

面对衰退期的产品，公司需要认真研究分析，决定采用什么策略，在什么时间退出市场。通常可以采用以下 4 种策略：

①继续策略。继续采用过去的策略，仍按照原来的细分市场，使用相同的分销渠道、定价和促销方式，直到这种产品完全退出市场。

②集中策略。把公司能力和资源集中在最有利的细分市场和分销渠道上，从中获利。这样有利于缩短产品退出市场的时间，同时能为公司创造更多的利润。

③收缩策略。摒弃无希望的顾客群体，大幅降低促销水平，尽量减少促销费用，以增加目前的利润。这样可能导致产品在市场上的衰退加剧，但也能从忠实于这种产品的顾客

那里获取利润。

④放弃策略。对于衰退比较快的产品，应该当机立断，放弃经营。可以采用立即放弃的方式，如把产品完全转移出去或立即停止生产，也可采用逐步放弃的方式，将资源逐步转向其他产品。

（五）绿色产品包装策略

1. 绿色包装

绿色包装（green package）是指无害、少污染的符合环保要求的各类包装物品，包括环保和资源再生两方面的含义。绿色包装是现代商品包装的新策略，它给企业带来了诸如增强产品吸引力、提升企业绿色形象等多方面的益处。包装物极大地影响了环境。绿色包装有利于环保。绿色包装材料指易回收、无污染的用来制成包装物的材料，包括纸、新型塑料、竹等多种类型。

2. 绿色包装材料的选择

易回收、无污染是绿色包装材料的基本要求。选用绿色包装材料应遵循以下原则：首先，应选用同类型、等级型、复用型、组合型、更新型的材料，以保证产品使用后包装废弃物的合理再利用或处理。其次，应使用合适的包装材料使包装简单化、单纯化，尽量节约使用包装材料。在我国，包装废弃物绝对量较大且回收利用率低，加上原材料匮乏，因此应首先致力于研发能重复使用的包装材料。

包装的主要作用是保护产品，方便使用。但在市场营销领域，包装已成为强有力的营销手段，它能帮助引进一种新颖的产品使用方式，能提升企业产品或企业自身形象，能极大地促进销售。设计良好的包装能为消费者创造方便价值，为生产者创造促销价值。为产品设计包装，需作出设计策划与决策，首先确定绿色产品包装目的，即规定本产品的包装的作用主要是什么，通常与产品的绿色特征相联系。其次对包装设计的其他要素作出决策，包括包装物的大小、尺寸、形状、材料、色彩、图像、文字说明以及标记等。各要素之间应相互协调。在进行绿色包装设计决策的过程中通常应考虑 4 个因素，即营销因素、产品保护因素、经济因素、环境因素。

3. 绿色包装的使用策略

随着绿色营销的兴起，以无污染包装为营销策略重要内容的绿色包装正在兴起。绿色包装策略主要有以下内容。

（1）减少包装材料

有许多企业实施了减少包装材料的策略，主要做法：改小包装为大包装，即原来对单个产品加以包装，而现在改为较多数量的产品合起来包装。提倡使用可再充填包装，如为顾客提供化妆品空瓶再充填业务。减少包装材料的厚度，如欧洲生产企业使用的铁听比 20 世纪 70 年代的铁听厚度和质量均减少 40%。使用最有效的设计形式，不同形状的包装容积率不同，如短而圆的瓶子要比细长而扁平的瓶子使用效率更高，因而使用效率已成为设计形式时考虑的一个重点。转向材料需用较少的包装，如用 PET（聚酯）塑料比用玻璃生产饮料容器需用材料少，且重量也大为减轻，便于产品的运输，因而 PET 塑料在包装中得到了广泛使用。简化包装，如出售不带纸盒的牙膏，不带塑料盒或硬纸盒的自来水笔、圆珠笔等。

（2）重复使用包装

目前，许多国家生产啤酒、饮料、矿泉水等产品的企业采用可重复充装的容器以达到既不污染环境，又能节约资源的双重效果。玻璃成为最理想的可重复使用的包装材料之一。

（3）使用再生材料或可再生材料包装

减少包装对资源耗费和环境污染的有效方法之一是使用再生材料包装。使用再生材料生产制作包装已成为当前许多国家的流行做法，例如，法国 90%的瓦楞纸是用回收废纸为原料生产的；德国为便于纸箱回收，进口商要求出口国的生产企业配合，不能在纸箱表面上蜡、上油，也不能涂塑料、沥青等防潮材料，纸箱上的商标必须用水溶性颜料，而不能用油溶性颜料。

（4）可降解包装

可降解材料可分为生态降解材料和生物降解材料两种，前者是通过阳光照射使包装材料的化学结构遭到破坏而分解；后者是利用微生物所分泌的酶将包装材料蚀解成小块碎片，再由这些微生物吞食、消化。比如日本一些百货公司使用“光分解性”塑料袋，在 3 个月后开始脆化，然后再溃裂分解。

（5）注意保护公众安全

由于包装具有保护商品和消费者利益的作用，目前各国对此均十分重视，因而企业在使用包装时，还应注意包装对消费者健康与安全的影响。例如，药物包装应具备防止儿童误服的功能；为防止儿童误服有毒化学品，对此类包装应使用儿童防护盖；食品、药物应标明生产日期和有效期等。

（6）实施包装设计图案绿色化

包装设计图案绿色化，一是要注意保护本企业的知识产权，同时要防止有意或无意造成对他人专利、商标、著作权等知识产权的侵权；二是对包装图案应注意内容健康、简练，并注意实事求是地标上产品质量标志、环境标志、玩具安全标志、产品使用方法标志等载有商品信息的图案。

（六）绿色产品商标策略

1．绿色产品商标的设计原则

商标是指已获得专用权并受法律保护的一个品牌或一个品牌的一部分，而品牌是指产品的文字名称、图案记号或两者相结合的一种设计。绿色产品为了便于大众识别和树立产品形象，应根据产品特点与营销需要来设计其绿色商标（green trademark），设计绿色产品商标除应遵循一般产品的商标设计原则外还应遵循以下原则。

（1）强调绿色产品环境业绩

强调绿色产品环境业绩最直接的方式是在商标名称中提及环境并采用通用的绿色标识。制定绿色名称的最直接方式是将绿色一词放在名称中或者在名称中选择生态或环境用词，这是将产品具有优异的环境业绩加以传播的常用方法。

（2）与社会反应相联系

在健康和安全类产品制造业和为公众服务的行业中通过命名来表达企业承担社会责任的承诺较为多见，如“娃哈哈”“乐百氏”“广厦”“国泰”“康华”“保安”等均属此类。

（3）与产品属性相联系

强调纯粹和天然。在食品、饮料和化妆品等市场，常用的方法是通过用“纯粹”和“天然”等词来暗示该产品是绿色产品，符合卫生标准，如“碧纯”（pure）饮用水、“自然美”化妆品等均以此种方式传送企业和产品的绿色形象。

强调含有或不含有某种成分。产品的名称可以描述该产品含有或不含有某种成分，以使消费者感知其环境业绩，如“无铅汽油”“无汞电池”等，强调含有绿色成分的则有“黄瓜洗面奶”“天然清洁剂”等。

强调产品的浓缩特点。由于产品成分的浓缩设计可以消耗较少的资源或提高产品的使用效果，因而绿色产品常常在名称中突出这一事实，如“浓缩洗衣粉”“浓缩果汁”等。

强调产品的经济性。在名称中使用诸如“经济”“简单”等形式的词，可以达到突出产品使用功能、以适度限制消费资源的形式创造绿色产品形象的效果，如“经济型”“简装”等。

强调产品的耐用性。产品可长期使用的特点同样可以显示产品的良好环境业绩，如“耐用”“坚固”“长期”等词均可表示产品是可以耐久使用的，“Duracell”（劲量）电池，即以耐久作为品牌的著名例子。

（4）强调与生产相联系的关键词

强调产品是再生的或不可循环使用。在纸产品市场，产品名称常以包含“再生”一词显示其对环境友好这一特点，如“再生纸”“再生卫生纸”等。

强调产品生产方式的传统特点。在某些情况下，将产品的绿色属性与传统的生产方式相联系，也是绿色名称的选择方式。这种策略所依据的是由于使用现代技术对环境的损害较大，而以传统方式生产则意味着对环境友好，如“手工缝制皮鞋”“野山人参”等。

强调产品的生物特点。在食品、保健品市场，近年来在名称和品牌中，“生物”“生物工程”之类的词的使用逐渐增多，用以反映生产技术的先进性及对环境的友好性。

强调产品的原生特点。在食品和饮料市场，有的产品未经精炼和加工，呈现原生的特点，如“粗面粉”“原汁”等。

2. 绿色产品商标的使用策略

（1）绿色产品商标有无策略

一般来讲，企业的绿色产品都应有商标，这有助于树立企业及绿色产品市场形象，有利于吸引品牌忠诚者；可使绿色产品受到法律保护，也便于企业对绿色产品进行营销管理。但对某些大众性的绿色产品，也可实行非品牌经营，其主要目的是节省包装、降低广告费用和售价，以扩大销售。

（2）绿色产品商标统分策略

对于所经营的全部绿色产品而言，企业要决定其全部产品是使用统一的商标还是分别使用不同的商标，这就是商标统分策略。企业通常有以下 4 种策略可选择：

①个别商标，即企业对不同的绿色产品分别设计与使用不同的商标。其优点是企业的单个产品经营的失败不会损坏其他产品的市场形象，可形成各个产品独立的市场优势和企业系列商标的市场地位。

②统一商标，即企业所有产品都统一使用一个商标。其主要优点是企业能形成统一的商标形象与市场形象，宣传推广后续新产品的费用开支较低。如美国通用电器公司的所有产品都统一使用“CE”这个商标名称，形成了广泛、稳固的市场形象。

③分类商标，即对企业的绿色产品按产品线分类，每类产品使用不同商标。这主要是经营许多不同类型的产品的企业，为避免不同类型产品在功能、形象等方面的互相混淆而采用的。此外，为明显区分不同质量水平的绿色产品，往往也使用分类商标。

④企业名称加个别商标，即企业对各种不同的绿色产品分别使用不同的商标，并且在各种不同的商标前均冠以企业名称。其优点在于不同产品冠以企业名称使各种产品均能享受企业信誉又能促进企业形象的建立，而各种不同产品分别使用不同商标又可以使各种不同的新产品能凸显自己的特色和形成自己的市场地位。

（3）绿色产品商标扩展策略

这是指企业利用其成功的商标声誉来推出新的或改良的绿色产品，包括推出新用途的绿色产品，新的绿色包装的产品或在规格、式样等方面具有新特色的绿色产品。其优点是企业利用有声誉的商标来推出新的绿色产品，可以节省宣传费用，能更迅速、顺利地打入市场。

（4）商标重新定位策略

某一商标的绿色产品在市场上的最初定位即使很好，随着时间的推移也有必要进行重新定位，以适应市场环境变化的需要。企业在进行绿色产品品牌重新定位时，要全面分析市场环境（尤其是消费需求及消费偏好）的变化，重新确立产品的市场定位目标，同时应考虑重新定位带来的成本费用和重新定位所能获得的社会效益与企业经济效益。

三、绿色产品的定价策略

（一）价格的定义

价格是商品价值的货币表现，以货币来表示的商品或服务的价值为该商品或服务的价格。一方面，价格的高低直接影响市场需求，影响产品在市场上的竞争地位和市场占有率，从而影响企业的销售收入和利润。另一方面，价格又是企业其他营销策略的函数，也是营销组合中最活跃的因素，需要与营销组合的其他策略相辅相成地发挥作用。

（二）影响绿色产品定价的因素

1. 外部因素

（1）市场需求因素

市场需求是影响定价的一个重要因素。不同商品的需求特点不同，消费者对价格会有不同的反应。研究市场需求应关注需求价格弹性问题。需求价格弹性是指因价格变动而引起需求发生相应变动的比率，反映需求变动对价格变动的敏感程度。需求价格弹性与商品需要程度成反比，生活必需品的需求程度高于一般商品，因而价格变化对其需求数量的影响小；反之，一般商品需求量与价格的相关程度较大。需求价格弹性与商品替代性成正比。如果一种商品替代性强，其价格上涨会引起消费需求向其他替代商品转移，反之亦然。这种需求转移加强了价格变动对该商品需求量的影响。如果一种商品难以被替代，消费者只能提高对价格变动的承受能力，使需求量对价格的敏感程度下降。

由于绿色消费意识的增强，消费者产生了绿色需求，使其对价格的敏感性发生了变化。

因此，在绿色产品的定价过程中，企业营销人员必须分析绿色需求对价格的影响，借此来制定企业产品的定价。

（2）竞争因素

竞争因素对定价的影响主要表现为竞争价格对产品价格水平的约束。可以这样说，在竞争激烈的市场上，价格的最低限度受成本约束，最高限度受需求约束，介于二者之间的价格水平的确定则以竞争价格为依据。

同类产品的竞争最直接地表现为价格竞争。在竞争激烈的市场上，企业都会认真分析竞争对手的价格策略，密切关注其价格动向并及时作出反应。价格竞争只是同类产品竞争的一个方面。实际上，同类产品竞争体现在产品的开发、研制直至销售的全过程，包含以产品为核心的价格、渠道及促销的全面竞争。价格竞争的实质是通过价格调整改变产品的质量价格比或效用价格比，促使消费者对商品重新作出评价。市场竞争的激烈程度称为市场结构。市场结构对企业的定价是有影响的。

竞争的激烈程度可用市场结构来划分。市场结构划分的依据主要有 3 个：一是行业内企业数目；二是企业规模；三是产品是否同质。据此，市场结构可划分为完全竞争、垄断竞争、寡头垄断、完全垄断 4 种类型。

完全竞争市场必须具备以下条件：①市场有许多卖主和买主，它们买卖的商品只占商品总量的一部分；②它们买卖的商品都是相同的；③新卖主可以自由进入市场；④卖主和买主对市场信息尤其是市场价格变动的信息完全了解；⑤生产要素在各行业之间有完全的流动性；⑥所有卖主出售商品的条件都相同。在完全竞争条件下，企业只能按照市场价格出售其产品。但需要指出的是，各国并不存在完全竞争的市场。

垄断竞争是一种介于完全竞争和完全垄断之间的市场形式，既有垄断倾向，又有竞争成分，因而垄断竞争是一种不完全竞争。在垄断竞争市场上，有许多卖主和买主，但各个卖主所提供的产品有差异，或买主在心理上认为它们有差异。产品差异是生产企业控制其产品价格的一种主要战略。各个企业仍依照边际成本等于边际收益的原则决定其产量和价格。

寡头垄断是竞争和垄断的混合物，也是一种不完全竞争。在一个行业中只有少数几家大公司，它们所生产和销售的某种产品占这种产品的总产量和市场销售总量的比例很大，它们之间的竞争就是寡头垄断。

完全垄断是指在一个行业中某种产品的生产和销售完全由一家企业独家经营和控制。完全垄断有两种：政府垄断和私人垄断。

（3）其他环境因素

公司在制定价格时还要考虑其他一些外部环境因素。首先是社会经济状况，如通货膨胀、经济繁荣与否、利率变化等因素；其次是国家出台的有关物价的法律法规，如《中华人民共和国价格法》《中华人民共和国反不正当竞争法》等都是企业定价的重要依据；最后是对经销商有利的定价策略，应保证足够的利润空间以赢得经销商的支持。高质量产品的市场定位意味着销售商必须制定较高的价格，用来补偿较高的成本。

2．内部因素

（1）企业的营销目标

企业的营销目标是影响定价的一个首要因素。不同企业的营销目标或同一企业不同时间的营销目标是多种多样的，但归纳起来主要有生存目标、投资收益率目标、市场占有率目标、质量领先目标、竞争优势目标等。

（2）其他营销组合变量

价格是企业用以达成营销目标的营销组合因素之一，各个营销组合因素之间相互联系、相互制约，当其中任何一个因素发生变化时，常常会影响其他因素。因此，在制定价格时必须与产品设计、分销和促销协调一致，形成有影响力的营销计划。

（3）绿色成本

任何企业都不能随心所欲地制定价格。产品的最高价格取决于消费者的需求状况，而最低价格取决于产品的成本。绿色产品也不例外。

产品的绿色化将改变产品成本和产品成本函数。产品的成本可用成本函数表示：$C=f_1(Q)$，其中 C 是成本，Q 是产量。而 $Q=f_2(Z_1, Z_2, \cdots, Z_n)$，即生产函数，为在生产技术状况给定条件下，生产要素的投入量与产品的最大产出量之间的物质数量关系的函数式。

说明企业产品的成本系数取决于产品的生产函数和投入要素的价格，而生产函数又反映了投入与产出之间的技术关系。

产品绿色化将改变生产函数进而影响成本。企业以利润极大化为目标，即销售收入与总成本之间的差额达到极大值。总收入取决于产量及其价格，而总成本涉及两个方面：生产要素的价格；使用的要素（投入）与产品（产出）之间的技术关系。

绿色营销要求企业在从事经营活动时要考虑自然资源和生态环境两个重要问题。这会改变企业的生产函数（稀缺自然资源的要素替代、生产技术和效率的改变），从而影响成本。

生产函数的改变对成本的影响是双重的。从近期来看，由于要实施绿色营销可能会增加投入，技术效率也可能降低，从而增加成本。但从长远来看，随着绿色产品市场的扩大，绿色产品数量将增加，从而为企业带来规模效益，以及由减少废弃物和原料的使用而导致要素利用效率提高，从而降低成本。

（4）组织决策

管理部门必须决定组织内部谁来决定价格。公司定价的方式有多种。在小公司里定价是由公司领导而不是市场部或销售部来负责的。在大公司里，定价工作一般由生产经理或生产线经理来负责。在工业市场上，推销员被获准在一定范围内和客户议价。尽管如此，高层领导常设立定价目标和策略，审批下级提出的定价方法。在工业领域（如航空、铁路、石油行业），定价是一个关键因素，公司常有一个定价部门负责制定价格或协助其他部门制定价格。这个部门要向市场营销部或公司总部汇报。其他对定价工作有影响的人包括销售经理、生产经理、财务经理和会计。

（三）绿色产品定价方法

根据对影响绿色产品定价因素的分析，企业在定价时要考虑的主要因素是成本、竞争者、竞争手段和需求情况。因此，制定产品基本价格的思考方式有 3 种导向：成本导向、需求导向、竞争导向。

1. 成本导向定价法

所谓成本导向，就是企业在定价时，以企业成本为中心，首先考虑在生产经营中投入的全部成本，在此基础上获得一定利润。成本导向定价可采用成本加成定价法和目标收益定价法。

（1）成本加成定价法

成本加成定价法是按照单位成本加上一定百分比的加成来制定产品销售价格。加成的含义就是指一定比率的利润。采用成本加成定价法时要着重考虑两点：首先，确定产品成本；其次，确定最适加成率。

绿色产品价格的特征之一就是反映环境成本，即绿色产品通常会吸收保护环境及改善环境所支出的成本，成为绿色价格的主要组成部分。最适加成率的确定则取决于目标市场需求的价格弹性。一般来讲，最适加成率与价格弹性成反比，即价格弹性越低，最适加成率应当越高，反之则相反。

产品的需求价格弹性，与目标市场所处的社会经济发达程度有关，也与目标市场消费者自身收入和文化素质有关。因此，最适加成率的确定应考虑两个方面：第一，不同价格弹性的市场采取不同加成率；第二，加成率应随绿色市场的培育和形成及消费者绿色消费意识的增强而逐步提高，而不是固定的比率。

（2）目标收益定价法

目标收益定价法是指根据估计的销售收入和估计的销售量来制定价格的方法。这种方法是以销售量为基础来确定价格，而价格是影响销售量的一个重要因素。因此，这种方法在应用时受到局限。解决办法是，通过估计企业需求和企业预测，把价格和销售量统一起来，从而确保所制定的价格能实现预期销量所达到的收益目标。

2．需求导向定价法

与成本导向相反，需求导向是从目标市场需求出发来确定价格。需求导向有两种定价方法：认知价值定价法、需求差别定价法。

（1）认知价值定价法

认知价值定价法是企业根据目标市场消费者对产品的认知价值来制定价格的一种方法。这种方法的立足点是企业要确定顾客对产品价值的看法和认识，而不是企业的成本。认知价值定价法要掌握两个关键：第一，企业应通过市场营销研究，探测消费者对本企业产品的市场同类品牌的认知价值；第二，企业还应估计和测量本企业营销组合中的非价格变量在目标市场中将要建立起来的认知期望值，并比较产品差异和认知价值差异（与市场上同类产品其他品牌进行产品的性能、用途、质量、外观的认知比较和认知价值比较），然后为产品制定价格。这种价值要能反映消费者对产品的评价，而不是企业成本，更不是企业主观价值判断。

（2）需求差别定价法

需求差别定价法是指企业在制定价格时，根据需求差异性来决定每种产品在不同销售条件下的价格差异。在实际中，确定一种基本价格，然后根据不同顾客、不同式样、不同销售地点、不同时间改动价格。在应用这种方法时，应避免价格歧视引起顾客反感，还要注意产品在不同细分市场之间越界流动。

3．竞争导向定价法

竞争导向定价法是一种企业为了应对市场竞争的需要而采取的特殊定价方法。竞争导向有 3 种方法：随行就市定价法、密封投标定价法、低价倾销定价法。

（1）随行就市定价法

随行就市定价法是指企业按照同行业的平均现行价格水平来制定价格。随行就市定价法在下列情况下采用：产品差异非常小，即为同质市场；寡头竞争条件下和竞争对手和平共处；在不了解竞争者和消费者对价格反应的情况下为维持竞争格局采取这种定价方法。

（2）密封投标定价法

密封投标定价法一般用于建筑工程和政府采购的公开招投标中，卖方之间通过竞价投标与买方达成交易。

（3）低价倾销定价法

低价倾销定价法是指企业为了占领他国市场，以低于国内市场价格，甚至低于成本的价格向国外市场抛售商品而制定的价格。这种方法易受到对方国家反倾销法的限制和制裁，在绿色营销中，有可能将反倾销和绿色壁垒结合起来，从而限制产品的出口。

（四）绿色产品定价策略类型

1. 新产品定价策略

企业推出新产品时，必定会考虑给产品定价，这是新产品开发过程中的一个重要环节。价格策略的正确与否关系到新产品上市的成功与否，它是产品推广的一个重要决策内容。新产品定价策略一般分为撇脂定价、渗透定价和满意定价 3 种。当某种绿色产品第一次投入市场，或者第一次进入一个新的市场，或者企业通过技术创新开发的绿色产品都可视为新产品。绿色产品也可根据情况分别采取撇脂定价、渗透定价或满意定价。

（1）撇脂定价策略

绿色产品投入市场时，采取尽可能高的价格策略，以尽快收回绿色成本，并获得相应利润。这种定价策略适用的条件是：第一，产品有鲜明的“绿色特色”。例如，企业通过技术攻关开发出无毒、无害、安全、健康、天然的绿色产品，就可通过强调其鲜明的“绿色特色”来定价。第二，面对的是一个绿色消费意识浓厚的市场，对价格不那么敏感。第三，其“绿色工艺”受专利保护是撇脂定价策略实施的最有利条件。

（2）渗透定价策略

当绿色产品投入市场时，也可采用渗透定价策略，即以相对较低的价格，吸引较多的顾客，提高市场占有率。这种定价策略适用的条件是：第一，该绿色产品的潜在顾客较多，市场较大，这种潜在需求，将随着绿色市场的培育转变为现实需求。第二，绿色企业的这种产品的生产成本和经营费用会随着生产经营经验的累积而下降，即可取得成本效应（Cost-Effect）。第三，随着销量的增加、市场占有量的扩大，单位产品成本会下降，即取得规模经济效果。第四，采取渗透定价的绿色产品的市场需求一般对价格较为敏感，低价能够刺激购买，唤起绿色消费意识。从这个意义上讲，渗透定价好比长期投资，只有绿色市场完全形成后，才能收回绿色投资，并获得相应利润。第五，渗透定价要有一个比较好的竞争环境，即低价不会引起竞争强化的威胁。

2. 绿色产品组合定价策略

绿色产品组合定价策略不同于传统意义上的产品组合定价策略。绿色产品组合定价策略，是根据绿色产品的需求、绿色产品生产成本和绿色产品生产资源利用 3 方面的内在关联性实施定价的一种策略。一般来讲，有强烈需求的绿色产品，如健康、安全、无毒、无害的产品，制定比较高的价格。而对为提高资源利用率的副产品，或为减少环境压力，在生产满足需求的产品过程中所产生废物回收利用形成的产品则实施低价，甚至低于成本的价格策略。可见绿色产品组合定价策略实际上是发挥价格的调节作用，建立合理的消费结构，从而减少资源消耗、保护环境，贯彻绿色营销观念，协调企业、消费者和生态环境之间的关系，达到企业持续经营的目的。

3. 绿色产品差别定价策略

绿色产品差别定价策略又称价格歧视，是指根据消费者需求强度和对某种绿色产品的了解程度采用不同价格，而这种产品的成本相同，也就是说，绿色产品的利润因不同消费群体而有差异。

企业在进行国际市场营销时，可采用绿色产品差别定价策略。由于不同国家社会经济发达程度差异较大，人们受教育程度和水平差异较大，收入差别较大，企业应针对不同国际市场的细分市场采取不同价格，这样既可扩大销售，又可保证一定的利润。例如，绿色产品在英国、法国、美国等发达国家可以制定高价，而在一些发展中国家可采取低价。

对绿色产品实施差别定价需注意：过高的价格可能影响其竞争力，过低的价格可能引起低价竞销，要对目标市场的营销环境进行分析与评价。

4. 绿色产品竞争定价策略

竞争定价是根据竞争对手的产品来确定自己产品的价格，尤其是在供应者相对稀少的情况下采用这种定价方法。竞争定价法虽然也考虑产品的成本需求等，但主要依据仍是竞争产品价格。

绿色产品也可采用竞争定价策略，即根据市场上相同或相似的绿色产品价格水平来定价的策略。但是，绿色产品竞争定价策略的应用有其特殊意义：第一，竞争者之间通过维持相同或相似的价格可以发展和壮大某些绿色产业，特别是投资比较大、利润比较低、见效比较慢、比较脆弱的绿色产业，如生态农业等；第二，对于整个社会福利有重大作用而经济效益差的某些产业，比如环保产业，竞争者之间可采取战略联盟，并采取相同的价格策略，以避免价格战，损坏整个产业；第三，对于某些生产资源比较稀缺的产业，竞争者之间应签订价格协议，以限制需求，控制供应，维持产业的长期发展。

5. 绿色产品认知价值定价策略

认知价值定价法，是根据营销组合中的非价格变量在目标消费者心目中建立起来的认知价值来确定价格的方法。绿色产品的认知价值定价策略，就是把价格变量与其他营销组合变量协调起来，从而达到增加销售的目的。通过绿色产品的定位、绿色产品的质量、绿色产品的促销，以及企业绿色形象的塑造，在消费者心目中建立独特的认知价值，再根据消费者认知价值确定相应价格。认知价值定价的关键是协调营销组合的价格要素和非价格要素，保持二者高度的一致性。首先，要使顾客期望值与产品体验价值一致，即在绿色促销中，所传达的好处要与产品体验价值保持一致，这样才会让顾客满意。其次，产品定价与顾客认知价值一致，这样才会让顾客觉得物有所值。绿色产品认知价值定价策略要与其他营销组合策略并用，其具体定价步骤如下所述。

（1）确定目标市场

在对绿色产品进行市场细分的基础上选择企业可进入的市场，将其作为目标市场。

（2）市场定位

在目标市场消费者中，为企业产品确定与众不同的价值地位，并确定推出差异化的内容和类别（与竞争产品有哪些差别、差别程度如何）。

（3）确定营销组合

根据目标市场需求情况和市场定位，开发、生产适当的产品，并拟定初步价格，通过合适的分销渠道将产品送达目标市场，通过促销向消费者传达合适的信息，建立产品价值期望。在这个过程中要注意以下几点：第一，产品质量与促销信息要一致；第二，分销方式与产品定位要一致，如高档绿色产品不能通过折扣商店销售；第三，价格与其他营销要素要一致。

（4）按初步价格试销

按现行价格将产品投入市场进行推广。

（5）认知价值确认

通过市场营销研究，了解市场对推出的绿色产品的认知程度，对该绿色产品的性能、用途、质量、外观等的认知程度和评价，特别是对该产品的绿色特色的了解程度及其认可程度。最后是对产品价值的综合评估，可通过以下两种方法进行评估：

①直接价格评定法。绿色产品目标市场消费者对本企业产品和其他品牌进行直接价值评定，如绿色产品为 4.8 元，另一非绿色品牌为 3.9 元。

②诊断评议。把本企业绿色产品的一组属性与另一品牌进行逐一比较，然后计算出产品价值，得出本企业绿色产品的认知价值。

四、绿色分销策略

（一）绿色分销渠道

1. 绿色分销渠道的定义

绿色分销渠道是指绿色产品从生产者手中转移到消费者手中所经过的由众多执行不同职能、具有不同名称的各中间商连接起来形成的通道。渠道效用的主要形式有地点（在方便顾客的位置）、时间（随时满足顾客获取产品或服务的要求）、形态（产品的分类、准备和保管）和信息（回答顾客询问、保证顾客能够了解产品的特征）。从另一个角度讲，正是通过这些中间机构的经营活动，绿色产品的生产企业才能完成其营销过程，才得以实现在适当的时间、按适当的价格与数量，将产品送达适当地点的目标消费者手中。而这一系列中间商就形成了一条条不同类型的分销渠道。

2. 绿色分销渠道的类型

根据有无中间环节和中间环节的数量，可将绿色分销渠道分为以下几种基本类型（图 6-2）。

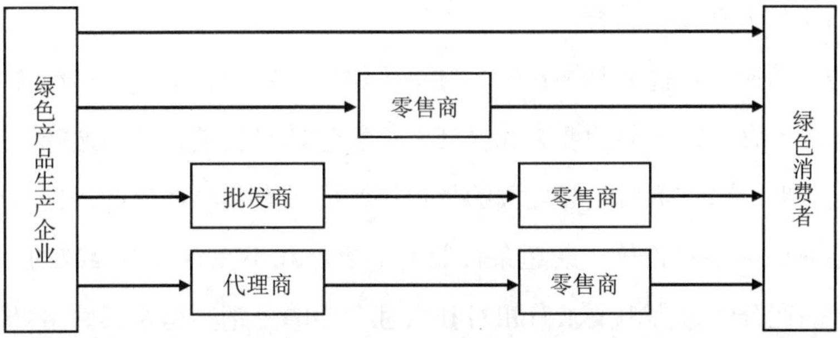

图 6-2　绿色分销渠道的基本类型

（1）零层渠道

零层渠道也称直接渠道，即绿色产品生产企业直接将产品销售给最终消费者，包括绿色产品生产企业通过自设的门市部、专卖店等来销售其产品。

（2）一层渠道

一层渠道，即只包含一层销售中间机构，如零售商，主要包括连锁店、超级市场等。

（3）二层渠道

二层渠道包含二层中间机构，如批发商和零售商或代理商和零售商等。对于绿色产品分销渠道，基于其生产、消费的某些特性，渠道层级相对较短。

（4）后向渠道

后向渠道的一个重要变化就是使绿色消费者改变角色成为一个生产者。如回收利用固体废物是一项主要的生态目标，这在技术上是可行的，但需要通过分销渠道使物流发生反向的流动。目前已有一些中间商在反向渠道中扮演重要的角色，包括生产企业的回收中心、专业废品收购企业等。

3．绿色分销渠道的特点

（1）渠道一体化

考虑到绿色产品生产与消费的特殊性，其分销渠道具有产销一体化和国内外一体化的特点，即考虑到绿色产品生产与流通全过程的特殊要求，要使生产与销售有机结合，尤其要做到售前的宣传推广、售中的使用咨询及售后的配套服务相结合。这样，一方面有利于减少中间环节，降低绿色产品的成本和销售价格，满足更多消费者的要求；另一方面也能更好地适应绿色产品在种植、加工制作、包装、运输、储存保管、使用等环节和技术上的严格性和标准化要求。同时，考虑到绿色产品的国际化需要，尤其是国际标准化组织所推行的ISO 14000环境管理标准及其体系等的要求，要全面实行绿色产品生产、分销系统的国内外一体化。

（2）专门化与大众化相结合

与一般产品相比，绿色产品在包装、储运、销售、定价、消费、使用等方面都有其独特的要求。如绿色食品对包装的要求就极其严格，包括对包装材料的选择、对包装上印制的广告与使用说明，对消费后包装垃圾的处理等都应该有具体明确的规定和要求；在储运过程中需严格避免因运输设施、装运条件等的不恰当和不完善等而导致的“二次污染”。因此，绿色产品在分销过程中要求有相对独立且专门的分销渠道及其网络。但绿色产品又是用来满足人们日常生活的消费品，其分销过程又需要达到便民、利民的要求，所以，绿色分销渠道又具有大众化的特点。

（3）层次化与针对性

由于绿色产品的生产规模、水平与投入等方面的原因，绿色产品的生产、销售成本相对比较高，因此绿色产品的市场定位是高层次的，具有较强的针对性。虽然从发展的角度来看，绿色产品将逐渐进入一般家庭，但受消费观念与经济水平的限制，还将存在一定的时间间隔。考虑到这点，在分销网点的构架与安排上，既要注意满足典型目标顾客的需求，又要兼顾不同层次顾客的需求。如在分销点的安排上，可以以组建绿色产品专柜或绿色产品连锁店为主，同时，积极进入一般超级市场和商场。

（二）绿色分销渠道的设计

1. 影响绿色分销渠道设计的因素

（1）产品特性

绿色产品有不同类型，既有大小之分，也有物理化学性能之别。一般而言，鲜活易腐产品应采用最直接的分销渠道；体积大、分量重、技术性强的专用产品也适于尽可能短的分销渠道；许多绿色产品由于单价高，加上不少产品在短时间内还难以为市场所接受，或者市场需求尚不稳定时，通常要由绿色产品生产企业自己派人直接从事推销和市场开拓活动。

（2）市场需求

绿色产品市场既有个人消费者市场分散购买频繁、要求就近方便购买的特点，也有产业市场购买批量大而集中，希望与供货厂家直接交易的特点。因此，对前者可考虑采用较长一些的分销渠道，如通过批发—零售或者是代理—零售等渠道类型来完成；而对后者，则可考虑利用较短的渠道甚至直接渠道类型来组织分销。

（3）宏观、微观环境

宏观环境、经济形势和有关的政策法规对绿色产品的分销渠道选择有较大的制约作用。例如在经济不景气时期，消费者易青睐低价产品，更希望通过便利店或廉价市场购买产品，对专卖店的高价绿色产品可能会置之不理。同时生产企业的策略重点也只能是控制和降低产品的最终价格，因此可能尽量减少流通环节，以避免非必要的加价。

绿色产品分销渠道的选择，还要受国内外有关的政策法规、标准的影响和制约。对于绿色产品的生产与流通乃至消费，许多国家及有关的国际组织都制定了法规、制度和标准，如 ISO 14000 环境管理体系认证和各国有关的环境保护法规等都提出了对绿色产品的包装、储运、使用、处理等方面的要求，这些无疑会影响企业对分销渠道的选择和利用。

此外，在分销渠道的使用上，还需要考虑竞争者对渠道策略的反应。

（4）企业状况

如果企业的声誉高、财力雄厚，具有良好的营销管理技能和经验，在选择分销渠道方面就有更大的主动权，甚至在必要时有可能建立自己的分销渠道，而这种渠道相应就会“短而窄”。相反，如果企业知名度低，资金紧张，又缺乏营销管理技能和经验，在选择分销渠道上就会处于被动的境地。这时企业对分销渠道的控制要求就会降低，从而选择间接的渠道。

另外，企业绿色产品的组合状况也会影响其分销渠道的选择。企业的营销策略会影响自己的分销渠道设计。如一家生产绿色环保油品的跨国企业打算在全球范围内为用户提供服务，它就有必要建立覆盖全球的众多分销网点及广泛的油品储存点，或者提供更便捷的运输工具等。

（5）中间商因素

不同类型的中间商在执行分销任务时各自有其优势和劣势，分销渠道的设计应充分考虑不同中间商的特征。一些技术性较强的产品，一般要选择具备相应技术能力或设备的中间商进行销售。有些产品（如冷藏产品、季节性产品等）需要特定的储备，就需要寻找拥有相应储备能力的中间商进行经营。零售商的实力较强，经营规模较大，企业就可直接通过零售商经销产品；零售商实力较弱，规模较小，企业只能通过批发商进行分销。

2．设计绿色分销渠道的流程

分销渠道一旦建立便难以轻易变动，因而绿色产品分销渠道的选择就必须十分慎重。分销渠道的选择主要考虑 3 个方面，即确定分销渠道（中间商）类型、所需中间商数目以及渠道成员的权利和责任。

（1）确定分销渠道类型

绿色产品生产企业首先要确定它可以利用的分销渠道（中间商）类型。根据目标顾客需求特点、制约因素、现有中间商情况及企业战略目标的要求，同时参考其他同类产品经营者的经验，决定采用什么样的分销渠道类型：是直接销售还是间接分销？是利用一层渠道还是两层渠道？是利用经销商还是委托代理商？作为绿色产品生产企业，既可以沿用本行业其他企业采用的传统渠道模式，也可以创新渠道或同时采用多种渠道模式。比如，绿色食品既可以通过传统的食品副食品商店销售，也可以通过超级市场、便民连锁店等新型渠道来销售，这样不仅扩大了绿色食品的销售，也增大了市场的影响力。

（2）确定中间商数目

绿色产品生产企业必须决定在每一渠道层次利用中间商的数目，即决定渠道宽度。一般而言，有密集分销、选择分销和独家分销 3 种策略可供选择。

密集分销，即绿色产品生产企业尽可能通过更多的批发商、零售商等为其推销产品。这种宽渠道分销策略的重心是谋求扩大市场占有率或加速进入一个新市场。在特别关注绿色产品的空间便利性和要获得最大限度的品牌显露时，包括作为绿色消费品中的便利品和工业用品中的通用设备，都可以采用这种宽渠道的密集分销。

选择分销，即绿色产品生产企业在某一地区挑选几个最合适的中间商来推销其产品。这一策略的重心是稳定市场竞争地位和维护本企业产品在该地区的良好信誉。它适用于消费品中的选购品，尤其适用于具有一定品牌知名度的绿色产品。一方面使生产企业与中间商形成良好的协作关系，获得足够的市场覆盖范围，有利于企业扩大市场，展开竞争；另一方面，又比密集分销成本更低，也较易控制。

独家分销，即绿色产品生产企业在某一地区仅选择一家最合适的中间商专门推销其产品。这一策略的重心是控制市场、控制自己和中间商的服务水平，或者是彼此充分利用对方的商誉和经营能力。它多适用于具有特异性的产品，如专利技术、专门用户、品牌优势或特殊品。特别适用于绿色产品中的大件商品（汽车、大型家电等）和某些有特色的品牌绿色产品的分销。通常双方协商签订独家分销合同，规定经销商不得同时经营竞争者的品牌。这一策略能更加有效地对中间商加强控制，因而能有利于提高绿色产品生产企业形象，并增加利润。

（3）规定分销渠道成员的权利与责任

其中最重要的包括价格政策、销售条件、区域划分权以及其他特殊服务等权利与责任。如绿色产品生产企业应该给予经销商供货保证、产品质量保证、退换货保证、价格折扣、广告与促销协助等；对于绿色产品经销商而言，则要求其向生产企业提供有关市场信息和各种业务统计资料，并保证实行协定的价格政策、达到要求的服务水准等。

（4）分销渠道方案评估

企业在设计分销渠道时，要对可供选择的渠道方案进行评估，根据评估结果选出最有利于实现企业长远目标的渠道方案。评估主要从经济性标准、可控性标准和适应性标准 3 个方面进行。

（三）绿色分销渠道的管理

1. 绿色分销渠道的分类管理

绿色分销渠道往往是由许多大大小小的不同类型的中间商构成的分销网络。针对不同的中间商，生产企业所采取的管理方式也应该有所不同。

（1）需要对各种渠道类型进行评估，以此确定企业可以选择的中间商类型

对于绿色产品生产企业而言，每一种渠道模式都可以从经济性、可控性和适应性 3 个方面来考察。

从经济性标准来看，每一种渠道模式都有其特定的成本和销售额。首要的问题是评判利用企业自己的销售队伍或利用销售代理商，谁带来的销售额更高？随后是评估每一种渠道模式不同销售额的成本。一般来讲，可以通过两者间的损益平衡成本图进行选择。

从可控性标准来看，使用销售代理商容易产生控制问题。因为销售代理商是一个独立的机构，以追求自己的利润最大化为目标，它主要关注消费者最想购买的产品，而非某企

业生产的产品。而且有些销售代理商更注重生产企业所提供利益的多少，将其原有的承诺置之脑后。销售代理商很可能对企业产品的技术细节缺乏兴趣，也不会有效地利用生产者提供的促销资料。

从适应性标准来看，主要是考察企业选择的每一种渠道所承担的义务与经营灵活性之间的关系。在市场环境发生变化时，渠道成员的承诺将降低绿色产品生产企业的适应能力。对涉及长期承担义务的渠道，应在经济性或可控性方面有非常优越的背景时才能予以考虑。

（2）绿色产品分销选择渠道成员

对绿色产品生产企业来讲，选择渠道成员的难度差异很大。有些企业毫不费力就物色到合格的中间商，有的企业却要费尽周折。这取决于绿色产品生产企业本身的声誉及其产品的畅销程度。但无论如何，绿色产品生产企业都必须明确合格的中间商选择标准或特征。通常这些特征包括：中间商的从业年限、经营的产品品种及其成交记录、清偿能力、人员素质、声誉好坏、合作态度和发展潜力等。如果中间商是独立的门店零售商，还必须评估其门店的地点、未来发展潜力和经常光顾的顾客类型等。在绿色产品分销渠道成员的选择中，需要特别把握：选择绿色声誉好的中间商；所选择的中间商应不经营与绿色产品相排斥、对立的产品，而是经营相互补充的产品；其中间商应是对绿色产品认识深刻、有较全面了解的组织或人员。

（3）绿色产品分销渠道进行分类管理

由于绿色产品所具有的某些特性，其分销渠道有多种类型，其管理方式也具有多样化的特点。一般来讲，绿色产品分销渠道包括直接渠道与间接渠道两大类。

直接渠道是由生产企业直接销售给消费者，包括上门推销、邮购、直复营销和生产企业自有商店等。其中上门推销、邮购和新兴的直复营销对于越来越追求节省时间和便利性的消费者来讲，应该是非常重要的分销形式。但在销售代理人员素质较低和整个经济生活信用程度较差的情况下，管理难度显著加大，因此其利用率受到质疑。为此，必须在国家法令的约束下，逐步提升销售代理商的信用水平，降低销售代理风险。相对而言，生产企业自有商店（门市部）较受国人的欢迎，对于绿色产品的销售来讲，可借用这种销售形式，采用连锁店模式，实施规范经营，逐步提高经营水平。

间接渠道是指通过一个或一个以上的中间商销售产品。它包括一层、二层、三层甚至更多层渠道。对于不同类型的中间商，其管理难度是不一样的。对于绿色产品的销售，中间商的层次相对较少，比较普遍的是一层、三层分销渠道。当然也有例外，如日本的食品分销系统可能有 6 个层次。从绿色产品的生产企业角度来看，渠道层次数目越多，越容易增加成本，对中间商的控制和管理难度越大，向最终用户传递信息也越成问题。因此对绿色产品批发商的管理与控制主要集中在通过专业化的销售与促销、仓储与运输等方面，通过分工，协助生产企业完成其产品向市场的推进。而对绿色产品零售商的管理，则主要表现在为选定的零售机构进行绿色产品技术培训、广告协助、价格目标和销售规划制订等。

2. 对绿色分销渠道成员的评价与激励

（1）评价渠道成员

对绿色产品分销渠道成员的工作业绩要定期进行评价。一般来讲，评价标准包括销售配额完成情况、平均存货水平、送货时间、损坏和遗失货物的处理情况、在促销与培训计划方面的合作情况、货款回收状况以及为顾客提供服务的情况等。

一定时期内各中间商所达到的销售额是一项重要的评价指标。其评价方法可以是将各中间商的销售业绩分期列表排名，以此了解各中间商的销售实绩，并作为奖优罚劣的依据。但由于各中间商面临的环境有很大的差异，各自的规模实力、商品经营结构和不同时期的战略重点不同，用销售额列表排名评价往往不甚准确。因此应在作上述横向比较的同时，辅之以另外两种比较：一是将中间商的销售业绩与前期比较；二是根据每一中间商所处的市场环境和它的销售实力分别制定出其可能实现的销售定额，再将其销售额实绩与定额进行比较。

但有时，绿色产品的生产企业与中间商也存在许多矛盾，例如，生产企业发现自己支付给中间商的报酬比中间商实际所做的要多；生产企业给中间商以补贴，鼓励中间商将自己的产品摆放在货柜最显眼的地方，但后来发现中间商将自己的产品摆放在角落，而将竞争者的产品摆放在最显眼的地方。因此，绿色产品的生产企业应该建立类似的制度：完成协议的任务，支付一定的报酬；如果中间商完不成任务，就需要予以建议、重新培训或重新激励，如果还不行，也许最好的办法就是终止合作关系。

（2）激励渠道成员

要使绿色产品中间商的分销工作达到最佳状态，生产企业必须对其进行持续不断的激励。激励渠道成员产生最佳业绩的基础是要了解中间商的需求与愿望，并据此采取有效的激励手段。激励中间商的形式多种多样，大体上可以分为直接激励和间接激励两种。

直接激励是指通过给予物质或金钱奖励来肯定中间商在销售量和市场规范操作方面的成绩。直接激励除利用返利政策和价格折扣外还有以下 5 种形式：

①开展促销活动，促销费用一般可由生产企业负担，也可要求中间商合理分担。生产者还应经常派人前往一些主要的分销商那里，协助安排商品陈列，举办产品展览和操作表演，训练推销人员或根据分销商的推销业绩给予相应的激励。

②提供市场基金，即市场启动基金。给经销商一个市场报销的额度，用于调动经销商在各个环节的能动性。

③设立奖项，在渠道成员间设立奖项，如合作奖、开拓奖、回款奖、专售奖、信息奖、销货奖等。

④补贴，协助力度补贴。针对中间商对本厂家产品的陈列状况，如陈列数量、场所、位置、货架大小等，一般来说将产品大量陈列在过道两旁或橱窗展示或专柜陈列都需要支付一定的补贴。

⑤库存补贴，包括点存货补贴和恢复库存补贴。前者是指促销活动开始时，中间商清点存货量，再加上进货量，减去促销活动结束时的剩余库存量，其差额即厂家需给予补贴的实际销货量，再乘以一定的补贴费；后者是指点存货补贴结束后，如果经销商将库存再恢复到过去的最高水平，厂家会给予一定的补贴。

间接激励就是通过帮助中间商进行销售管理，以提高销售的效率和效果来激发中间商的积极性。通常的做法有以下 6 种形式：

①帮助经销商建立进销存报表，做安全库存数和先进先出库存管理。进销存报表的建立，可以帮助经销商了解某一周期的实际销货数量和利润；安全库存数的建立，可以帮助经销商合理安排进货；先进先出库存管理可以减少即期品（即将过期的商品）的出现。

②帮助零售商进行零售终端管理。终端管理的内容包括铺货和商品陈列等。通过定期拜访，帮助零售商整理货架，设计商品陈列形式，在举办促销活动时做一个漂亮的堆头和割箱陈列。

③帮助经销商管理其客户网来加强经销商的销售管理工作。帮助经销商建立客户档案，包括客户的店名、地址、电话，并根据客户的销售量将它们分成等级，并据此告诉经销商对待不同等级的客户应采用不同的支持方式，从而更好地服务于不同性质的客户，提高客户的忠诚度。

④库存保护。使经销商保持一个适度的库存量，以免断货之虑。

⑤开拓市场。使中间商获得广阔的发展空间，这是一种较为长远的激励措施，是中间商最希望得到的。

⑥产品及技术支持。为中间商提供优质的产品和强有力的技术支持及服务，对中间商来说是最实在的，因为产品卖不出去，给再多的奖励也没有用。

（3）绿色分销渠道的调整

设计和建立一个好的渠道，对绿色产品生产企业而言，只是完成了整个渠道系统工作的一部分，为了适应市场环境的变化，还必须定期对分销渠道进行调整和修改。当消费者购买模式发生改变、市场扩大或缩小、产品市场生命周期更替、新竞争者加入和新的分销渠道出现时，修改和调整渠道就成为必要。如对于汽车公司来讲，过去都是通过物资系统的渠道经销的，但现在已面临一些新的低成本渠道的挑战。对生产企业而言，渠道调整方案有 3 种形式：

①增加或减少某一渠道成员。这种调整，需要进行经济增量分析，即考察增加或减少某个中间商，将会给企业利润带来何种变化，程度如何。如某企业决定在某目标市场取消一家批发商，不仅要考虑失去这一批发商可能会带来销售额降低，还要考虑对企业的其他经销商的需求、成本和情绪等产生的影响。

②增加或减少某一分销渠道。当生产企业在某一目标市场只通过增减个别中间商不能解决根本问题时，生产企业或许会考虑采取增减某一条分销渠道的做法。有时生产企业会考虑取消所有不能达到销售配额的中间商。如某一生产绿色油品的公司注意到它有 5%的经销商连续两年没有完成销售配额，相对公司所提供的服务来讲，显然是得不偿失。但取消这些经销商也会给整个市场营销渠道带来巨大的影响。因此作这样的决策，需要广泛地对可能带来的直接、间接反应及效益做系统分析。

③改进整个渠道，即对企业以往的分销体系制度做通盘的调整。如一家汽车生产企业建立自己的经营机构取代独立经销商。这类调整难度最大，要求改变大多数市场营销组合，并将产生深远的影响，因而通常由最高管理层决定。

五、绿色产品的促销策略

（一）促销策划概述

1. 促销策划的内涵

促销策划是在对广告、营业推广、公共关系、人员推销等各种促销工具进行组合运用时具有创造性的谋划与设计。要准确地理解促销策划的概念，需要掌握 4 个方面：一是促销策划应考虑短期目标，通常都有限定的时间和空间；二是促销策划注重行动，往往要求消费者或经销商参与，行动导向目标是促进销售活动的开展；三是促销策划工具比较丰富，有面向消费者的促销工具，也有面向经销商和推销人员的促销工具；四是促销策划要求在特定时间给予购买者一种激励，以诱使其购买特定产品，其激励或为金钱，或为商品，或为附加服务。总之，促销策划的最大特征在于它是战术性营销工具，而非战略性营销工具，它提供的是短期营销刺激，会导致消费者直接的购买行为。

促销策划包括整体促销策划和单一促销策划。整体促销策划是对企业整个促销工作的谋划和设计，即谋划广告、营业推广、公共关系、人员推销等如何实现最佳组合，以实现企业营销目标。单一促销策划是根据企业营销目标，在充分研究市场的基础上，确定企业在一定时间针对确定的市场选择特定的营业推广方式，制订有效的促销行动方案。

2. 促销策划的原则

促销策划的本质就是为促进企业销售目标的实现，刺激消费者购买和增加经销商效益而设计的促销活动及措施。针对中间商的促销活动策划，主要是运用利益机制，实现双赢。针对销售人员的促销策划，重在提升业绩正向激励。而面向消费者的促销策划，影响面最广，动用的促销资源最多，手段变化也最多，但实际成效差别也最大。因此，促销策划最需要关注促销设计的有效性、刺激性、多样性和直接性等。

面向消费者的促销策划可以沿着凸显产品利益、设置附加利益、创新活动方式和借助权威影响四大方向开展活动创意设计。

（1）凸显产品利益塑造品牌魅力

直接利用产品利益优势如质量、性能、款式等进行促销策划，是整合产品与促销、兼顾品牌与销量的首选促销策划思路。这一做法具有投入少、产出高，公众接受度高、信赖程度高等特征。这种促销策划既具有现实的销售促进意义，又具有长远的品牌建设意义。这种促销策划还可以与公关策划结合起来，扩大公众对品牌的认知与好感。

（2）设置附加利益增加购买动力

当产品与竞争品牌相比缺乏利益优势、价格优势、品牌优势和广告优势时，靠正常的促销活动和价格无法打动消费者，需要在正常销售条件下设置附加利益以吸引顾客关注，促使顾客动心，实现顾客购买向本品牌转移。这种促销策划是市场上最常见的促销策划。这种促销策划具体采用的利益诱导方式有优惠打折、限时限量减价、买赠、抽奖等。但是，这种促销策划尤其需要考虑附加利益呈现形式的新颖性和趣味性。

（3）创新活动方式吸引顾客参与

在品牌、产品和促销预算无法超越竞争对手时，迫切需要通过创新促销的活动方式吸引顾客参与，从而达到以少胜多、以智取胜。当然，在促销预算较宽裕时，也应该尽可能策划这种以巧制胜的促销活动。

（4）借助权威影响增强购买信心

如今的促销活动泛滥，消费者已经麻木，有些促销活动还存在欺诈，消费者已经开始警惕。那么，怎样才能提高消费者对企业促销活动的信任度与参与度，从而提高促销活动的效果？进行促销策划时可以借助具有广泛影响力的权威专家、意见领袖、权威机构等，提升促销活动的可信度。

3. 促销策划的流程

促销策划通常应对促销活动的每一个环节进行详细设计与规划，按照特定流程开展策划。一般而言，促销策划可以分为以下 6 个步骤，如图 6-3 所示。

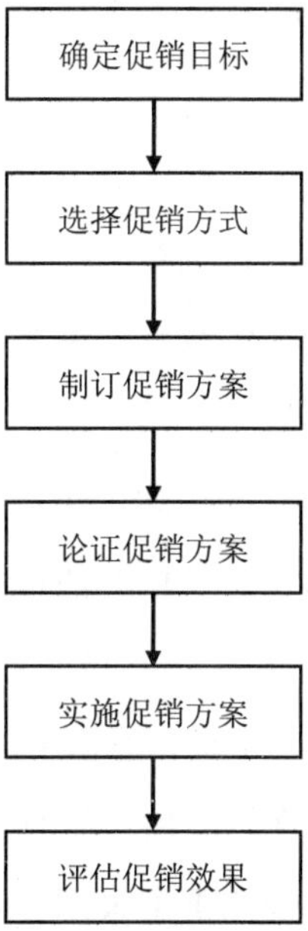

图 6-3　促销策划流程

4．影响促销方式选择的因素

绿色生产企业在选择促销方式及确定促销组合时，受一些因素的影响和制约。这些因素包括：

（1）促销目标

在不同的市场环境下、在不同的时期，企业所实施的特定促销活动都有其特定的促销目标。促销目标不同，促销组合也随之变化。例如，在一定时期内，某绿色生产企业的营销目标是在目标市场上迅速增加绿色产品的销售量，那么该企业的促销组合就是要强调这种短期效益并为此服务，企业将更多地使用营业推广人员推销和广告；若企业的营销目标是引导绿色消费方式，则更多地采用广告这一媒介；若企业的营销目标是树立良好的企业形象，以利于长远发展，则侧重于组合使用企业广告和公共宣传这两种促销方式。

（2）市场特点

绿色消费者大多具有良好的经济条件和文化水平，一般都集中于大中城市，所以绿色生产企业在选择促销方式、确定促销组合时，宜采用区域性电视广告、公共宣传、营业推广 3 种方式。

（3）产品性质

产品性质不同，消费者的购买习惯和购买行为及目标群体存在很大的差异。如果该绿色产品属于纯天然没有受污染等特性的消费品，则其目标顾客是广大绿色消费者，这时宜采用广告这一大众媒介；如果该绿色产品属于不会或很少污染和破坏环境的节能型工业用品，其目标顾客分散且数量较少，这时宜采用人员推销这一促销形式。

（4）产品的生命周期

在绿色产品导入期，潜在的绿色消费者对新产品比较陌生，接受能力低，这时促销的目的是将新产品所具有的绿色告知顾客，激发绿色需求，则宜采用引导性和告知性广告或人员推销。

在绿色产品成长期，消费者对产品已经逐步了解、熟悉，销量和利润上升，同时竞争对手开始进入市场。这时促销的目标是激发顾客的选择性需求，建立品牌偏好则宜采用说服性广告。

在绿色产品成熟期，产品全面进入市场，销售量的增长速度开始减慢，需求基本饱和，竞争者很多，但竞争态势比较稳定。在这一阶段，促销的重点是维持原有的顾客，提高顾客的忠诚度，树立企业的绿色形象，则侧重于采用提示性的企业形象广告，配合使用公共宣传媒介。

在绿色产品衰退期，这时应逐步削减促销预算，一般把营业推广作为重点，配合少量的提示性广告。

（5）产品的价格

对于价格低廉的日用消费绿色产品，利润较低，需要大批量销售，采用广告效果好。对于价格较高的工业用绿色产品，则宜采用人员推销方式。

（6）分销渠道

如果绿色产品是工业用品，那么企业多采用人员上门访问推销的方式；日常消费的绿色产品，销售渠道较长，则通常采用广告促销方式。

（7）促销预算

由于绿色产品促销预算必须遵循“绿色原则”，尽量节省和充分利用资源，所以不宜采用大量的电视广告形式，应多采用公共宣传的促销方式。

（二）绿色产品的促销策略

1. 广告策略

（1）广告

广告是由明确的主办人发起，通过付费媒体实施的一种非人员沟通方式，是企业用以对目标顾客和公众进行直接说服性沟通的 4 种主要工具之一。绿色产品的广告是强调绿色产品“环境友好”的特性广告。所谓“环境友好”，是指产品具有可降解、可循环、低污染及节能等特性。绿色产品广告具有一般广告的内涵及其特征，但是绿色产品的广告目标及重点、诉求对象和媒体选择都有其独有的特征。

（2）广告目标

绿色产品的广告规划的第一步就是确定广告目标。这些广告目标必须服从公司已制定的有关绿色产品目标市场及市场组合和营销组合诸决策。这些市场定位和组合战略限定了广告在整体营销规划中必须做的工作。

现阶段，我国企业在制定绿色产品广告目标时，必须考虑我国消费者的绿色消费意识及其所处的阶段、绿色产品的特性及其所处的产品生命周期阶段、绿色产品的市场竞争状况等因素。因此，现阶段绿色产品的广告目标包括引导、告知、说服和提醒 4 个阶段。

绿色产品的引导性广告：一般用在绿色需求尚不旺盛，绿色产品市场尚未大规模形成的阶段。在这一阶段，绿色产品的广告目标主要是引导消费者对生活环境和生活品质的重视，增强大众的环保意识，从而促进绿色消费行为的产生，培育绿色产品市场。

绿色产品的告知性广告：主要用于市场开拓阶段，其目的是向市场介绍绿色产品的特性，例如，产品成分的纯天然性，产品在使用过程中和使用后不会对环境造成危害及污染。

绿色产品的说服性广告：在市场竞争比较激烈的阶段十分重要，企业的目的在于建立对绿色产品品牌的选择性需求，吸引新顾客，促进绿色产品消费者购买本企业的绿色产品。

绿色产品的提醒性广告：通过不断地向消费者灌输本企业的绿色产品的信息，使消费者在重复性地接受过程中，记住本企业绿色产品的品牌。其目的是保持消费者对该绿色产品品牌的忠诚度，让现有的消费者相信自己购买该品牌的绿色产品的决定是正确的。

（3）诉求主题

绿色产品的广告诉求主题主要包括以下 3 个方面：

①安全、健康、无污染。这主要是表现产品的绿色特性。

②舒适、和谐、高品质的生活方式。主要引导公众改变旧有的生活和消费习惯，增强环保意识，注重生活环境和生活品质，增强绿色消费观念。

③责任。通过宣传现在人类所面临的资源枯竭、生态环境破坏等，增强公众保护生态环境的责任感，从而转变消费方式。

（4）广告媒介的选择

广告媒介日趋多样化、现代化，从传统的大众传媒（宣传单、报纸、杂志、电视、广播）发展到现在高速发展的新媒体（图 6-4）。

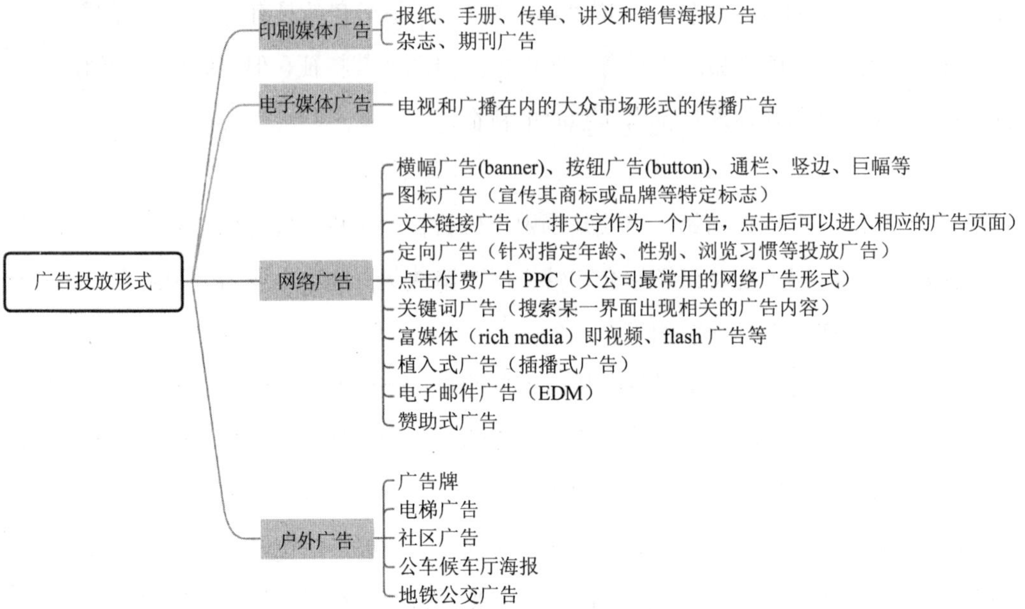

图 6-4　常见的广告投放形式汇总

各种不同的传播媒介有其特定的针对性和特点，因而在选择媒介时，要充分考虑各种媒介的特点，结合产品的性质、广告信息接收者的偏好及广告预算水平，选择最适宜的媒介。在选择绿色产品的媒介时，除必须了解各类主要媒介在触及面、频率和影响等方面所具备的能力及优缺点以外还必须考虑以下几个重要的方面：

①绿色消费者的媒介习惯。绿色消费者一般都具有较好的经济生活水平，受过良好的教育，注重生活环境和生活品质，追求休闲、健康、安全的生活方式，因此网络、专业性休闲杂志对其有较大的吸引力。

②绿色产品所表达的主题。如果所表达的主题是树立一种健康、自然、和谐的高品质生活目标，那么用电视广告则能达到较好的效果。

③绿色产品的类型及特点。如果绿色产品属于工业用品，具有节能、低污染和安全的技术特性，则适宜采用专业性杂志。

④媒介本身的绿色特性。所选择的媒介本身应有利于环保或至少不污染环境、不破坏自然和谐，能够高效地利用资源，或者媒介所表达的内容具有宣传环境保护、维护生态平衡的特性。因此散发宣传单或在风景名胜区竖立巨大的广告牌之类的方式就不宜采用。

⑤广告费用“绿色”原则。选择目标顾客涵盖率高、成本又较便宜的媒介来传递绿色信息，尽量节约广告开支，减少资源的浪费。

2．公共媒体宣传策略

（1）公共宣传及其任务

公共宣传是一个重要的促销工具，特别是在广告媒体费用居高不下、干扰增多、观众越来越少的情况下，公共宣传是一些公司广泛采用的宣传形式。现在许多绿色生产企业都建立了公共宣传小组对产品促销和形象建立给予支持和协调。公共宣传小组的主要任务除了以不付费的方式在印刷或广播媒介上宣传绿色产品、渠道或人物外，还包含以下内容：

①辅助推出绿色产品。通过组织绿色新产品的技术鉴定会，向目标市场推出公司即将推出的新产品。

②辅助成熟产品重新定位。通过挖掘和宣传成熟产品在环保方面的特性，将其定位为绿色产品。

③培养对绿色产品的消费意识。通过公共宣传，增强人们对环境的保护意识及责任，从而改变其消费习惯。

④增强绿色消费者对本公司绿色产品的信任度和忠诚度。通过组织报道来传播绿色信息以建立信任。

⑤树立绿色企业形象。通过参与环保活动及支持环保慈善事业，获得公众（特别是绿色消费者）好感，从而在市场上树立企业的绿色形象。

⑥激励销售队伍和中间商。通过绿色公共宣传，企业可以和当地政府或社区建立良好的关系，从而有利于开拓市场，吸引中间商。

⑦降低营销费用。同各出版社、媒体及各种环保组织建立良好的关系，这些组织有可能免费为企业做宣传，从而降低营销费用。

（2）公共宣传的主要工具

①出版物。企业在很大程度上依赖出版物来接触和影响目标市场。

②非出版物。其包括绿色小册子、文章、视听材料和企业的业务通信及杂志。在通知目标顾客时，绿色小册子扮演着重要的角色，它告诉绿色消费者产品所具有的绿色特性以及这种产品是如何生产或通过哪种绿色渠道到达目标市场。

③事件。绿色企业可以安排特殊事件来吸引对本公司绿色新产品及公司其他事务的注意。这包括新闻发布会、技术鉴定会、展览会及对环保组织或环境工程提供资助等可接触目标公众的方式。

④新闻。公共宣传小组的一个重要职责是发现或创造有关公司、产品及人物的新闻。公共宣传人员不能只有制造新闻故事的技巧，让媒体接收新闻稿件或参加新闻发布会，还需要有营销技巧和人际关系技巧。

⑤公众服务活动。企业通过慈善事业，特别是有关保护环境的事业做出时间或资金上的贡献，能提高公众对企业的好感。

3．企业绿色行为宣传

企业绿色行为是指企业在生产经营过程中做出的有利于保护生态环境、减少污染、节约资源以及维持健康的一系列活动。这些行为包含向市场提供绿色产品使用不会或较少污染环境的设备、使用不会对环境造成危害的或可回收的包装、采用绿色技术参与社区的环境保护及建设、支持绿色团体等。企业把其所做的绿色行为告知消费者，争取绿色消费者的认同及好感，从而树立良好的绿色企业形象。因此，企业绿色行为宣传的主要目的是树立企业的绿色形象。

绿色生产企业不仅应承担更多的社会责任，在环保方面做出更多的绿色贡献，而且应该把其所做的绿色贡献及为社会创造或增加的绿色价值告诉消费者，使绿色消费者认同、接受绿色产品中所包含的绿色价值。企业在进行绿色行为宣传时应遵循客观、真实的原则，因为绿色消费者大多是成熟的、谨慎的、要求严格的消费者，所以在进行绿色行为宣传时，要谨慎，不能有虚假和夸大行为，否则不但不能树立良好的绿色企业形象，反而会“声名狼藉”。

企业进行绿色行为宣传时，应强调这些行为对消费者直接切实可见的利益。尽管绿色消费者关心产品对环境的益处，但他们更关心产品对自己的主要利益。所以善于把绿色行为的利益表述成最直接可见的利益形式，同时让顾客意识到这些行为不仅能提供直接的物质利益而且有利于环保，更能增强消费者的认同和信任。

还应注意的是企业绿色行为的一致性和连贯性。企业偶尔有破坏或污染环境的行为，一旦这种行为被公众获知，那么长期树立的绿色形象很快就会瓦解。如果企业没有后续的、进一步的绿色行为，公众认为以前的绿色行为只不过是偶尔的、一时的热情，从而无法保持其在公众中的良好形象。

任务二　绿色营销策略分析训练

案例分析 1：华为发布四大领域系列化产品组合方案

2022 年 11 月 8 日，华为首届 ICT 产品组合方案峰会在深圳举办。华为副总裁、ICT 产品组合管理与解决方案部总裁马海旭发表了题为《产品组合方案使能行业数字化》的主题演讲，并围绕数据中心、园区、数字站点及广域网络四大领域，发布系列化产品组合方案，以帮助客户更快、更好地建设数字基础设施。

全球数字经济发展正推动行业数字化转型不断加速。马海旭对此表示："行业数字化转型本质上是建设数字基础设施，并在此基础上进行业务创新。华为通过提供ICT产品和产品组合，帮助客户建设数字基础设施，为促进行业数字化转型做贡献。"

当前，新的数字技术不断涌现，而业务场景更加多样化，传统数字基础设施的建设模式和效率，已无法满足企业对业务创新的要求。华为全新推出产品组合方案就是为解决这一难题。产品组合方案是面向行业价值场景，根据场景需求将多个产品组合起来，统筹规划跨产品的关键特性，打造差异化竞争力，通过预集成、预验证，形成解决客户一类问题的方案。

马海旭表示："产品组合方案将重新定义数字基础设施的建设模式，具体体现在两个方面。第一是产品组合方案基于各个行业典型价值场景需求，沉淀共性能力，构筑比单产品更高的差异化优势，优先满足客户需求，更好地为客户创造价值，实现更先进。第二是产品组合方案对数字基础设施进行整体规划和模块化建设，通过预集成、预验证，做好产品组合的预制件，减少现场产品对接的难度，并提供经验模板和交付工具，提升现场作业效率，实现更高效。"

华为产品组合方案的总体目标是帮助客户更快、更好地建设数字基础设施。其具体价值体现在以下3个方面：

①帮助客户业务快速上线，实现商业成功。产品组合方案把面向多个行业价值场景的共性能力沉淀下来，形成面向价值场景的典型配置，减少产品选择和方案设计工作量，缩短业务上线时间。

②构建先进技术架构，面向未来可演进。产品组合方案基于华为竞争力领先的产品，通过跨产品的高效协同，构筑差异化竞争力，并以开放的架构和先进的技术，确保客户的数字基础设施面向未来架构领先、持续演进，提高客户投资效益。

③易部署、易运维。ICT技术的复杂度带来了建设和运维的挑战，产品组合方案通过预集成、预验证，降低现场部署难度，并提供丰富的工具和模板，提升部署和运维效率。

峰会现场，华为还重点推出了多款产品组合方案：

①数据中心：推出总部管控云和轻量化分支产品组合方案，面向"总部+分支"类型的垂直部委和集团型企业，提供统一运维管控、统一云网编排、统一安全管控，实现多级数据中心的全局资源管理及总部分支间高效协同。

②园区：推出园区数字平台2.0产品组合方案，通过ICT技术预集成、统一接入、统一服务、统一运维，实现园区的业务联动、数据融合和智能开放。

③数字站点：推出周界防护站和雷视管控杆站产品组合方案。周界防护站是面向铁路、油气管线、大型基地等对安全防护要求高的场景，通过提供精准感知能力，实现全天候、高精度的安全监测；雷视管控杆站是面向高速公路、交警路口、城市车联网的精细化管控需求场景，通过“雷达+视觉+计算”打造远距精准感知能力，支撑精准安全管控。

④广域网络：推出网络驾驶舱产品组合方案，打造面向服务的广域网络，实现自动化运维和智能化运营。

会上，江苏省港口集团信息科技有限公司执行董事、总经理王明远，陕西陕煤榆北煤业有限公司党委书记、董事长石增武，厦门国贸会展集团有限公司数字化管理部负责人张毅斌，深圳市信息基础设施投资发展有限公司董事长陈晓宁，数字广东网络建设有限公司建设运维部总经理徐哲等行业客户与伙伴，分享了如何借助产品组合方案更快、更好地建设数字基础设施的成功实践。

马海旭表示：“产品组合方案离不开合作伙伴的支持和帮助，我们希望与合作伙伴通力合作，实现共赢。产品组合方案做好被集成，为伙伴创造新价值。基于产品组合方案的架构和技术的先进性，帮助伙伴打造有差异化竞争力的解决方案；通过产品组合预集成、预验证，提供统一接口和工具模板，降低伙伴二次开发的难度和投入，提升伙伴打造解决方案的效率。让我们携手共建产品组合方案的繁荣生态，使能行业客户数字化转型。”

华为产品组合方案面向价值场景，携手伙伴更高效地构建有竞争力的解决方案，帮助客户更快、更好地建设数字基础设施。

资料来源：

华为发布四大领域系列化产品组合方案-华为（huawei.com），https: //www-ctc.huawei.com/cn/news/2022/11/ict-digital-infrastructure-portfolio-solution。

分析训练 1：

1. 试分析“华为”为什么要实施产品组合策略。

2. 试分析“华为”产品组合策略的具体实施方案。

案例分析 2：拼多多低价竞争之战

2015 年 9 月，拼多多电商平台上线。拼多多致力于发展成为实惠和充满乐趣的电商平台，让顾客用更低的价格买到更好的产品。拼多多用户通过发动朋友、家人、邻居等，以更低的价格拼团购买商品。近几年，淘宝一直在努力摆脱“低价”“9.9 元包邮”这样的标签，推出“有好货”“极有家”等栏目，扶持更多品牌化的商家，努力提高客单价。而拼多多主打“低价牌”，攻破了阿里巴巴在电商领域的“护城河”。

拼多多承接了淘宝、京东品牌升级后的价格敏感人群。拼多多商业模式的主要特点就是网上团购，用户可以用团购价来购买某件商品。拼多多平台上的商品价格较低，远低于市场价。比如，9.9 元的牛仔裤、10 元的上衣、1.3 元的收纳盒……拼多多的商家表示，这类超低价商品的利润很低，甚至没有利润，但可以做引流款。用户被超低价吸引过来，未必真买，却有极大的可能性购买页面中推荐店铺的相关商品。拼多多类似于淘宝，但增加了拼团功能，对于同样或类似的产品，若服务质量差不多，消费者自然会选择价格低的平台。根据极光大数据的统计，拼多多用户有 70%为女性，65%来自三四线城市的低收入人群，他们属于价格敏感型客户。拼多多的低价牢牢抓住了这些人的核心需求，再加上一系列的社交流量和全新玩法，助推拼多多快速崛起。物美价廉是顾客购物的一种心理。拼多多电商平台牢牢锁定了价格敏感的目标客户群体。通过顾客拼团的参与体验感，让廉价成为合理。

资料来源：

王蕾. 新编市场营销实务[M]. 2 版. 北京：中国人民大学出版社，2023.

分析训练 2：

1. 试分析“拼多多”是如何锁定目标客户群体的。

2. 试分析“拼多多”为什么要实施低价策略。

案例分析 3：尚品宅配 C2B 模式

2017 年 1 月 9 日，尚品宅配“C2B+OAO 模式”荣获 2016 年“创新商业模式大奖”。定制和规模化从来都是位于现代消费的两端，但在尚品宅配看来，个性与共性并不矛盾。2007 年，尚品宅配董事长李连柱做了一个在旁人看来有些匪夷所思的决定：他打算把所有楼盘的数据都收集起来，建立“房型库”，然后据此降维到可标准化的层次上。他坚信虽然中国楼盘众多，但是户型的种类远少于这个数量，而房间的类型可能更少。为此，他亲自带队到北、上、广、深等城市收集楼盘、房型数据建立房型库。综合统计分析下来，全国这么多的房子，其实只有大约 100 种卧室和 70 种客厅。他眼中看到的不再是一整套一整套的房子，而是一个个独立的房间、一件件配套的家具，甚至是一块块独立的木板。在往后的日子里，这个数据库从单一的房型库扩展到房型库、产品库、设计库三位一体，相互打通成为“云设计库”。一位顾客只要告知所在城市、楼盘、房价、收入、年龄等信息，设计师就可以在系统中找到过去 3 个月、半年、1 年内类似顾客中受欢迎的几十套至上百套方案作为参考。如果顾客在价格、样式、颜色、布局上有具体要求，只需在现有方案上微调即可，设计流程非常快。每一套新方案又会被上传至数据库中，成为后来者的参考。这样不断滚动，短短五六年时间，尚品宅配为全国近 3 万个楼盘、40 多万户家庭提供了近

30 万种个性化设计方案。在受房地产行业低迷影响而增长乏力的家具行业，尚品宅配仍然能够实现 60%的年复合增长率，仅广州的一家体验店在 2014 年就实现了 2 亿元营业额，这样的业绩不能不说是源于其极其高效的 C2B 定制模式。

但 C2B 定制模式需要一条社会化的柔性供应链来实现。与设计批量户型的思路相同，尚品宅配对个性化生产也进行了降维处理，将整件家具的生产转换成一个个零部件的生产，经过总部的订单管理系统统一分配调转。整个生产过程控制在 10～15 天，各地门店收到配件后就全部送到顾客家里，并根据固定的组装程序一步步进行组装，仅需两三天就能完成安装流程。

借助条码扫描，尚品宅配得以实现社会化协作的柔性供应链。在生产流程上，无论是工厂作业、资源调配还是供应商供货，都可以依照系统显示的订单要求执行，几乎不需要人工沟通的环节。所以，这一条供应链与其说是人借助了信息化工具，不如说是电脑指挥人。

尚品宅配的成功向其他制造业同行展现一点：信息化和大数据已经无可争议地成为制造业转型最重要的两个支柱。离开了这两个支柱，无论如何也不可能满足消费者日趋多样的个性化需求。

资料来源：

阳翼. 大数据营销[M]. 北京：中国人民大学出版社，2017.

分析训练 3：

1．什么是 C2B 模式？

2．请分析尚品宅配如何利用大数据实现 C2B 定制模式。

3．尚品宅配 C2B 定制模式对传统渠道进行了哪些优化与变革？

案例分析 4：热度不减的五菱

2020 年最感人的一句话莫过于“人民需要什么，五菱就造什么”。为了抗击新冠疫情，五菱大量生产口罩，将广西德福特集团原有生产车间改建为 2 000 m^2 无尘车间，共设置 14 条口罩生产线，从想法提出到第一批口罩下线，仅用时 3 天，五菱口罩让世界见证了五菱速度、中国速度。当地摊经济在全国被热议时，摆摊神车——五菱荣光翼开启上市。一系列营销方式，见证了民族企业的担当，让五菱汽车在 2022 年上半年一直热度不断。

那么，五菱为何每次都能找准营销方向并收获持续的关注度？

作为一款专门服务于大家庭和农村家庭的汽车品牌，五菱早在 1958 年就建厂，前身是柳州动力机械厂，发展到今天已有 60 多年的历史，针对国内微型汽车市场状况，五菱在广告上遵循“家庭”“幸福”的广告主题，利用多种多样的广告形式对企业情况和汽车系列进行介绍，一是体现微型汽车的环保节能，属于百姓车、国情车；二是体现五菱微型汽车性价比更高；三是体现五菱汽车的高品质性能，让五菱品牌深入人心。

如果五菱广告提供了购买的理由，那五菱的销售推广方式则是进一步加大了对购买的刺激。基于国内微型汽车市场特点，五菱汽车在对普通汽车消费者的促销上，通过销货贷款、租赁销售、转换业务、销售附赠品或免费试车、销售点陈列和商品示范、使用奖励等鼓励消费者购买汽车和重复购买，争取未使用者购买，吸引竞争者品牌的使用者购买。而对汽车经销商，则采用价格折扣、折让、赠送现金或礼品等方式对经销商进行奖励，鼓励消费者购买非流行的汽车产品，建立经销商的品牌忠诚度和获得进入新的经销网点的机会。对于销售人员，通过提高人员补贴和单车提成、建立销售人员定期休假制度、帮助驻外销售人员解决家属生活困难等方法鼓励并激励他们寻找更多的潜在消费者，获得更优秀的销售业绩。

在全球化时代，任何企业都不是孤立存在的，五菱始终与国家、人民、消费者站在一起。自 2005 年以来，五菱集团每年举行一次“喜福会”回馈活动，斥资百万元在农村建立卫生保健站，捐赠 60 辆“五菱之光红十字会奥运应急服务车”，资助中国举重队并结成长期战略伙伴，举办为农民朋友们送上 3 000 场次 6 000 余部电影片和科教片的“送电影下乡放映活动”，收到了良好的公关效果。

资料来源：

1. 上汽通用五菱微型汽车营销策略分析，（2019-09-21）[2022-01-11]，https: //max.book118.com/ html/2019/0617/6040042204002040.shtm。

2. 王蕾. 新编市场营销实务[M]. 2 版. 北京：中国人民大学出版社，2023.

分析训练 4：

1. 五菱能够持续热度不减的原因是什么？

2. 该案例对企业营销有什么启示？

任务三　制定绿色营销策略实训

1. 实训目标

（1）理解绿色市场营销策略的具体内容、方法和技巧。

（2）培养学生制定绿色营销策略的能力。

（3）培养学生产品组合、价格设定、渠道建设、促销策划等方面的能力。

2．内容与要求

（1）主要内容：燕山明珠——秦皇岛燕山板栗。

秦皇岛燕山板栗食品有限公司位于秦皇岛市抚宁区经济开发区千奥物流园区，成立于1996年，占地面积24 000 m^2，有板栗保鲜库、低温储存库、板栗系列化产品生产车间及配套的生产设施。拥有完善的管理体系和完备的研发队伍，属民营股份制企业，注册资本金2 000万元，总资产1.3亿元，是秦皇岛市板栗产业深加工外向型核心企业和重点出口保障企业、省级农业产业化龙头企业。

公司与河北省昌黎果树研究所、河北科技师范学院新农村发展研究中心合作，开展板栗基地建设和板栗系列化产品研发，改变了抚宁板栗以初级板栗原料销售的方式，公司拥有食品生产许可证，并取得了ISO 9001质量管理体系认证、HACCP食品安全管理体系认证、中国有机产品认证、HALAL清真认证、日本JAS有机板栗基地和工厂双认证、美国NOP有机板栗基地和工厂双认证、出口食品企业备案以及美国FDA注册。

公司在全区带动建设板栗种植基地48个，基地面积近20万亩，其中有机板栗基地4.8万亩。采用“公司+基地+合作社+农户”的经营模式，立足板栗产业，以发展板栗种植为基础，以板栗深加工销售为手段，实现带农增收、带农致富，年带动农户20 000户，提供就业岗位500多个。每年带农直接增收2 600余万元，安排就业、带动相关附属产业等创造社会经济效益3 000余万元。

图6-5 燕山板栗

资料来源：

秦皇岛燕山板栗有限公司（qhd-chestnut.cn），http：//www.qhd-chestnut.cn/ xwzx_view_128.html。

（2）实训要求：实训小组结合上述资料为校企合作企业——秦皇岛燕山板栗食品有限公司制定绿色营销策略，并形成书面报告（3 000字以上），报告内容要包括产品、价格、渠道、促销策略等方面。

3．组织与实施

（1）以项目团队为学习小组，选出项目负责人。

（2）明确组内分工，讨论分析任务，形成框架内容。

（3）小组成果展示介绍（包括组内成员的工作态度、组内合作程度、工作流程、成果质量的评价）（每组 4～5 分钟）。

4．评价与总结

（1）各项目团队根据实训内容进行讨论。

（2）各项目团队根据讨论结果撰写并提交实训报告。

（3）授课教师针对各组实训情况进行评价。

项目七　企业 ESG 评价体系构建

任务导入

导入案例：看中国人寿如何“碳”寻绿色发展之路

尊重自然、顺应自然、保护自然，是全面建设社会主义现代化国家的内在要求。中国人寿将绿色金融作为服务现代化产业体系建设的重要力量，充分发挥综合金融优势，助推实现“双碳”目标，为“绿水青山”注入金融活水，全力支持中国式现代化建设。

一、绿色保障：为绿色产业发展“护航”

中国人寿围绕服务保障“双碳”目标推进，不断丰富绿色保险供给，增加产品服务种类和保障范围，并将卫星遥感、气象等大数据广泛应用于森林、海洋、湿地等“碳库”产品创新和理赔服务，以绿色保险守护绿色产业发展。2022 年，中国人寿累计为绿色产业企业提供风险保障超 4 万亿元，为超 4 000 家企业提供环境责任风险保障。

碳汇是指通过植树造林、植被恢复等措施，吸收大气中的二氧化碳，从而减少温室气体在大气中浓度的过程、活动或机制。中国人寿与政府、行业、科研机构等合作论证，分析不同领域的固碳能力，设定不同灾害级别的阶梯式赔偿标准，陆续创新推出海洋碳汇指数保险、农业碳汇保险、红树林蓝碳生态保护保险等，填补了我国多个生态系统碳汇保障的空白，为金融保险行业助力实现“双碳”目标实现提供了示范案例。例如，2022 年，中国人寿集团旗下财险公司仅在山东就开发推出多款绿色金融保险产品：在威海签单国内首款海草床碳汇指数保险，有效化解了海草床灾害风险，解决了灾后海草床碳汇资源救助、灾后重建和养殖维护资金短缺的问题；为潍坊寿光市滨海湿地公园的 645 hm^2 湿地提供自然灾害造成的碳汇损失保障，填补了山东湿地碳汇保障空白；推出国内首创“海洋碳汇保险+信贷”模式，帮助企业融资增信，在银行成功申请贷款 100 万元。

二、绿色引擎：为经济社会绿色转型“赋能”

中国人寿发挥保险资金长周期优势，通过参与绿色信贷、绿色债券、绿色基金等形式，重点支持低碳、循环、生态领域融资需求，努力为高质量发展贡献国寿智慧、国寿方案和国寿力量。特别是还从顶层设计、投资决策、风险管控、科技赋能等多个方面入手，推动公司绿色投资的能力建设和实践探索。集团旗下资产公司持续构建 ESG 投资管理体系，制定行业机构首个 ESG/绿色投资内部指引性文件，还牵头行业研究起草《保险资金 ESG 投资指引》，初步构建出一套完备的绿色投资体系。

截至 2022 年年底，中国人寿绿色投资存量规模超 4 600 亿元，落地打造了一大批优质特色绿色投资项目。例如，战略性投资青海黄河上游水电开发有限责任公司、中国广核集团有限公司、中电投核电有限公司等旗下清洁能源重大项目，特别是设立“中国人寿——电投 1 号股权投资计划”和“中国人寿——电投 2 号股权投资计划”，募集资金战略增资北京电力有限公司和东方智慧公司，向京津冀地区输送绿色电力，有效保障北京冬奥会绿色用能需求，为奥运健儿增添“绿色动力”。

中国人寿集团成员单位广发银行不断加大对绿色产业的信贷投放力度，实施精准化投放，绿色信贷业务占比增速显著，绿色金融创新产品体系不断完善，“贷”动经济向“绿”而行。例如，支持江苏南通、广东台山、海晏镇宴镇 200 MW_P 渔业光伏发电项目，目前累计提供固定资产项目贷款超 6 亿元。该项目预计每年可提供 5.43 亿 kW· h 清洁能源，满足 11 万户家庭全年用电量，与同等规模的燃煤电厂相比，每年可节省标准煤约 19.3 万 t，减少二氧化碳排放约 53.4 万 t，相当于大湾区约 7.5 万亩森林的碳汇量。截至 2022 年年底，广发银行绿色信贷余额近 900 亿元。

三、绿色运营：为应对气候变化“添彩”

中国人寿积极应对气候变化，制定气候变化应对体系，从治理、战略、风险识别、指标和目标四个维度完成完善相关工作方案，充分识别气候变化带来的机遇，并融入日常管理，真正让绿色发展、低碳生活和健康人文理念渗透到每个细节。例如，集团旗下寿险公司在产品端，优化和丰富产品种类，优化产品服务，通过公益广告塑造积极形象，加强内部低碳意识培养；在运营端，实施运营节能降耗、无纸化办公、鼓励员工使用公共交通通勤、倡导缓解气候变化行动、充分参与气候变化应对公益项目等一系列举措；在投资端，加大绿色投资布局，提升绿色投资能力，助力国家和经济社会实现绿色、可持续发展的转型。此外，公司还向全体员工及销售伙伴发出“双碳生活十个一”行动倡议：少开一盏灯，多省一度电；少用一张纸，节约一滴水；少用一个袋，珍惜一粒米；少驾一次车，多流一次汗；爱护一片绿，撑起一片蓝。

在“推动绿色发展，促进人与自然和谐共生”的目标的引领下，中国人寿将坚定不移贯彻落实党中央决策部署，始终践行服务国家重大战略，在保险、投资、银行等领域深挖绿色金融潜力，持续将“绿色基因”深度融入企业经营高质量发展，打造独特竞争力，为持续推动经济社会绿色发展提供不竭动力。

图 7-1 中国人寿官网新闻宣传

资料来源：

看中国人寿如何“碳”寻绿色发展之路——中国人寿（chinalife.com.cn），https: //www.chinalife. com.cn/chinalife/xwzx/gsxw/270502/。

思考分析：

1．中国人寿是如何实施绿色营销战略的？

2．中国人寿的绿色营销策略对其他企业的发展有哪些启示作用？

3．试分析中国人寿的 ESG 建设及实施情况。

任务一 了解企业 ESG 效益评价体系

一、ESG 理念的定义

ESG 是 Environmental（环境）、Social（社会）和 Governance（公司治理）的缩写，是一种关注企业环境、社会、公司治理绩效而非财务绩效的投资理念和企业评价标准。基于 ESG 评价，投资者可以通过观测企业 ESG 绩效，评估其投资行为和企业（投资对象）在促进经济可持续发展、履行社会责任等方面的贡献。

ESG 是一种关于如何发展的价值观。它将目标公司置于相互联系、相互依赖的社会网络之中，将个体活动映射到整个社会网络，将公共利益引入公司价值体系，更加注重公司发展过程中的价值观和行为，以及由此带来的公司与社会价值的共同提升，而非孤立的单一公司的财务结果。在国际资产管理行业，ESG 已经成为一种主流投资理念和投资策略。随着我国 A 股被纳入 MSCI、富时罗素相关指数，ESG 理念将对我国资本市场的资源配置活动产生实质性影响。更重要的是，“创新、协调、绿色、开放、共享”的新发展理念要在资产管理行业落地，必须有科学的方法与工具，ESG 正是合适的载体。

ESG 有 3 个价值支柱：环境责任、社会责任和公司治理责任。环境责任是指公司应当提升生产经营中的环境绩效，降低单位产出带来的环境成本；社会责任是指公司应当坚持更高的商业伦理、社会伦理和法规标准，重视与外部社会之间的内在联系，包括人的权利、相关方利益以及行业生态改进；公司治理责任是指公司应当完善现代企业制度，围绕受托责任合理分配股东、董事会、管理层权力，形成从发展战略到具体行动的科学管理制度体系。

图 7-2　ESG 三大价值支柱

在具体指标体系设计中，其内涵体现为对 ESG 正、负两个方面信息的关注。

1. 正面信息

“E”重点强调企业的绿色增长，包括绿色投入情况、绿色研发情况、节能计划、资源利用效率等。

“S”重点强调企业在创造利润、对股东和员工承担法律责任之外，还要承担对消费者、社区和环境的责任，企业的社会责任超越将利润作为企业唯一目标的传统理念，强调企业在生产过程中对人的价值的关注，对环境、消费者和社会的贡献。例如税收、就业、向员工支付的工资、公益支出（投入）、捐赠、员工培训（投入，时间）、（精准）扶贫投入、客户满意度等。

“G”重点强调公司治理是否最终达成利益相关者的共同治理，考虑到职工、客户、社区等部分归于社会价值部分，本部分的评价主要从股东、管理层、债权人的制衡入手，引入“现金分红率”“资本回报率”“利息保障倍数”等指标。

2. 负面信息

相关的研究和调查表明，上市公司一旦发生重大负面事件，将会立刻在股票价格上有所反映，不仅对投资者造成损失，而且可能对企业的长远发展产生不利影响。例如，根据《中国基金业责任投资调查报告 2013》，在 ESG 议题方面，产品质量和安全事件对上市公司股价造成实质的负面影响最大；其次是公司治理问题和财务造假。关于行业，基金经理认为责任投资对采掘业，农林牧渔，电力、煤气及水的生产和供应等与能源、资源相关的行业影响最大。

综合各方面情况，ESG 评价体系重点关注企业负面信息和风险事件的相关内容，包括：

“E”重点强调能源消耗量、污染成本、碳排放等情况，以及企业的重大环保违规事件。

“S”重点强调产品质量和安全、员工职业健康受损情况、贪腐和欺诈情况、客户投诉情况等。

“G”重点强调大股东变现、高管离职、关联交易、违规处罚等情况。

调研 ESG 理念和绿色金融、责任投资等概念密切相关，但关注视角略有不同。绿色金融更多是从金融角度强调绿色发展的理念，责任投资则将投资责任的对象扩大到社会层面；而 ESG 理念更多是从实际操作的角度提供一个全面和统一的框架，评价企业贯彻绿色发展理念的成效，明确生产和投资应关注的事项和方向。

总体来说，ESG 理念在发展中逐步形成了独特的风格，考虑了传统投资利润最大化之外的环境、社会和公司治理等非财务因素，满足了资本市场对此有偏好的投资者的需求。特别是 ESG 理念提供的相关信息，具有系统性、全面性和定量可比性等特征，可以为践行 ESG 理念的投资者提供投资行为的指引。因此，国际上将 ESG 理念贯彻于实践中的资金规模正逐步扩大。

二、国际上 ESG 理念及评价体系的主要内容

目前，国际上的 ESG 理念及评价体系主要涉及 3 方面：各国际组织和交易所制定关于 ESG 信息的披露和报告的原则及指引、评级机构对企业 ESG 的评级，以及国际主要投资机构发布的 ESG 投资指引。其中，ESG 信息的披露是前提条件，ESG 评级提供了评价和比较的方法，而 ESG 投资是基于两者的实践。

ESG 理念及评价体系的内容包括企业在经营中需要考虑的多层次、多维度的因素。根据对三大国际组织的指引（ISO 2600 社会实践、SASB、GRI 可持续发展报告）、五家全球 ESG 评级公司（MSCI、道琼斯、汤森路透、英国富时、Morning Star）关于 ESG 评级的披露信息以及 12 家国际上的交易所发布的 ESG 投资指引，这些因素主要包括以下 3 个方面：

①环境方面：碳及温室气体排放、环境政策、废物污染及管理政策、能源使用/消费，自然资源（特别是水资源）使用和管理政策、生物多样性、合规性。

②社会方面：性别及性别平衡政策、人权政策及违反情况、社团（或社区）、健康安全、管理培训、劳动规范、产品责任、合规性。

③公司治理方面：公司治理、贪污受贿政策、反不公平竞争、风险管理、税收透明、公平的劳动实践、道德行为准则、合规性。

举例来说，环境政策主要关注企业在生产过程中是否明确对环境可能产生的影响，承担保护环境的责任，并据此制定相应的企业层面的保护政策。劳动规范即企业制定的各类员工制度规范，以及这些制度规范可能对员工带来的影响。反不公平竞争是指企业处理不同的机构或个人商业关系时，应注意是否有违反道德或公平原则的潜在风险。企业作为社区的一部分，应制定公平适宜的政策，并在改善社区的情况下获取相应的收益。

从五家全球 ESG 评级公司关于 ESG 评级的披露信息来看，这些机构将评级的指标分别划入 E、S、G 3 个方面，并涉及相应领域。例如，英国富时指数涉及 12 个领域，300 个指标；汤森路透 ESG 评级涉及 10 个领域，178 个指标；道琼斯指数涉及环境和社会的六大领域；MSCI 指数涉及 10 个主题，37 个主要风险问题；Morning Star 指数涉及 6 个领域，一共 18 个指标。从计算方法上看，基本以加权平均为主，评级公司赋予指标一定的权重，并按照行业情况对权重进行调整。其中，Morning Star 和汤森路透还在计算中引入了减分项。

三、ESG 评价体系设计的整体思路

一是注重研究结果的政策导向，克服市场研究的缺陷，为监管者提供参考。对于协会等监管部门而言，ESG 评级不是替代投资者做判断，而是要政策引导，通过敏感数据揭示市场没有关注到的提前量，把敏感数据凸显出来，给增加值但不做判断，给提醒但不做结论。

二是重点关注上市公司 ESG 的绩效表现。首先用少量的定量指标进行基本排序，其次利用辅助指标进行调整，最终将样本上市公司进行排序并划分为 A、B、C、D 4 档。

三是 ESG 不关注把 E、S、G 三者加总的价值，而关注 3 个分类指标的各自价值，便于使用者根据自身需要截取有效信息。

四是注重指标的简洁性、代表性和综合性，避免指标过多、权重分散，造成次要指标和不可靠指标对整体评价效果的干扰。

五是正面指标和负面指标结合，以正面指标为主，负面指标作为降档指标，通过负面指标增加区分度，对关键因素实行“一票否决”。

六是定量指标和定性指标相结合。以定量指标为主，作为关键指标和评价基础；以定性指标为辅，作为调整指标。

七是综合处理 E、S、G 的交叉性指标。

八是当前指标体系还需要进一步完善，目前首先是保证了理论性和可操作性，完备性及最终的结果还需要进一步检验。

四、ESG 评价体系基本框架

（一）环境责任（E）评价体系基本框架

1. 模型基本思路

企业环境评价主要受以下因素影响：

首先，看拟评价的企业本身所面临的环境风险的严重程度。如果企业本身属于环境友好的行业，自身又无环保劣迹和违规行为，则自然给予高评级；反之，如果企业本身处于有重大环境风险的行业，自身又出现过重大环境违规甚至违法事故，则自然给予低评级。

其次，看拟评价的企业对环境信息披露的质量和水平。目前，生态环境部、上海证券交易所、深圳证券交易所等对上市公司环境信息披露都有一定的要求，尽管多数披露要求均不是强制性的，对披露的内容和格式也尚无定规，但在绿色发展已上升为国家战略并且日益成为社会共识的背景下，如果企业能够按照现有指引要求主动进行高水平、高质量的

环境信息披露，则能够一定程度反映出企业对大势的准确把握和向绿色转型的积极行动，符合监管的发展方向，应该予以高评级；反之，如果企业根本不重视环境信息披露，认为该事项与己无关，或者只是敷衍了事，环境披露中根本不包括关键信息，则应给予低评级。

最后，看拟评价的企业对环境风险管理的绩效。有效的环境风险管理，意味着要关注两方面内容：一是最小化环境因素造成的负面效应；二是最大化环境因素造成的正面效应。相应地，环境绩效分为正面和负面两个方面。正面绩效评价企业在绿色发展转型方面所取得的成果，只有企业本身的发展与绿色发展的大趋势相吻合，企业发展才能建立在可持续基础上；负面绩效反映企业自身的运营活动对环境造成的负面外部效应。企业正面绩效越大，负面绩效越小，则应该给予高评级；反之，企业正面绩效越小，负面绩效越大，则应该给予低评级（图 7-3）。

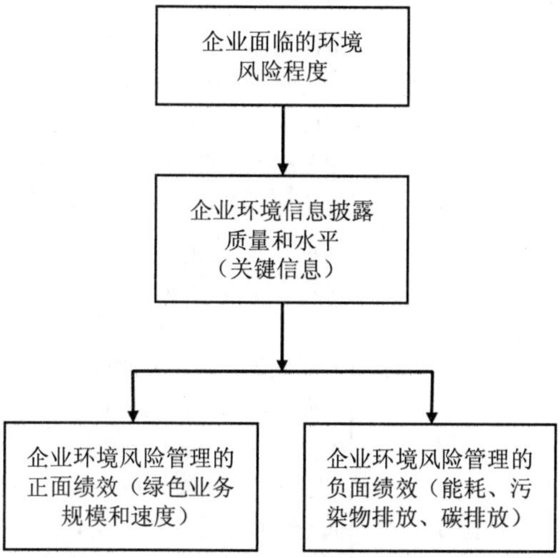

图 7-3　企业环境评价体系的设计思路

2. 模型基本指标

模型基本指标包括四大类一级指标：一是整体环境风险暴露程度，评价上市公司所处行业以及企业自身所面临的环境风险严重程度；二是环境信息披露的水平和质量，评价上市公司是否进行了相关的环境信息披露，包括是否仅进行了定性描述，缺乏定量描述？是否披露了关键信息等；三是环境风险管理绩效——负面指标，评价上市公司经营行为对环境造成的负面外部效应，选取能耗、污染物排放、碳排放强度作为衡量环境负外部性的 3 个关键指标；四是环境风险管理绩效——正面指标，评价上市公司绿色业务的发展情况以及绿色转型情况。四大类一级指标下又包括 10 个二级指标。指标体系的描述见表 7-1。

表 7-1　公司环境责任评价指标体系

一级指标	二级指标	指标释义	评价目的
整体环境风险暴露程度	行业环境风险暴露系数	衡量不同行业的环境风险敏感程度，如“两高”行业具有更高系数	鼓励企业向绿色产业转型
	企业环境风险暴露系数	衡量个体企业的环境风险敏感程度，如上一年度受到环保处罚的企业具有更高系数	借助生态环境部门已有的环境信用评价结果识别企业面临的环境风险
环境信息披露的水平和质量	企业是否披露了相关环境信息	企业在年报、社会责任报告等媒介中是否对自身环境信息进行了披露	衡量环境信息的可及性。既然绿色发展是每个企业都应尽的业务，所有企业都应该进行相关环境信息披露
	企业环境信息披露是否包括关键定量指标	关键定量指标包括正面指标和负面指标，其中正面指标指企业环境因素造成的正面外部效应，如绿色业务增长情况、绿色研发投入等；负面指标是指企业环境因素造成的负面外部效应，如污染物排放和碳排放等。同时，披露了正面和负面关键指标的企业，比没有披露关键指标或者只披露部分关键指标的企业得分更高	鼓励企业提高环境信息披露的质量，提高信息的相关性和内容含量，增加对投资者的有用性
企业环境风险管理绩效——负面指标	能耗	反映企业能源消耗量的数据指标，如万元产值综合能耗、单位节能量等。如企业能耗指标低于行业平均值，应有更高得分	鼓励企业降低能耗
	污染物排放	衡量企业各类污染物排放水平（大气、水、固体废物等）是否低于环境质量标准，是否优于行业平均水平，如企业污染物指标低于行业平均值，应有更高得分	鼓励企业减少污染物排放
	碳排放强度	衡量企业的温室气体排放水平是否低于环境质量标准，是否优于行业平均水平，如企业碳排放强度低于行业平均值，应有更高得分	鼓励企业减少碳排放
企业环境风险管理绩效——正面指标	企业绿色业务占比	衡量企业绿色业务占比（如收入占比、利润占比、业务规模占比等）情况，如果超过行业平均水平，则给予更高得分	鼓励企业向绿色化转型
	企业绿色研发投入占比	衡量企业的绿色研发投入占整个研发投入的比重，如果超过行业平均水平，则给予更高得分	鼓励企业进行绿色技术研发和绿色改造
	企业绿色投融资占比	衡量企业绿色投融资活动占整个投融资活动的比重	通过企业自身的绿色投融资行为带动产业链以及其他相关企业向绿色化转型

此外，将获得环境违法违规处罚、发生重大环境风险事件列为调整降档指标；将企业环境信息披露内容获得有资质的独立第三方机构专门验证作为调整提档指标。

（二）社会责任（S）评价体系构建及应用

1. 社会责任评价的内涵界定、信息来源和指标选取

企业社会责任通常指企业在创造利润、对股东和员工承担法律责任的同时，还要承担对消费者、社区和环境的责任，企业的社会责任超越将利润作为企业唯一目标的传统理念，强调企业在生产过程中对人的价值的关注，对环境、消费者和社会的贡献。企业社会责任的内涵根据社会和经济发展不断变化、更新，但不脱离对股东、员工、客户和消费者、供应商、行业和市场、社区乃至社会整体的各个方面的责任，对于企业而言，责任由内而外、由近及远、由小到大。

对于上市公司社会责任的评价，多家机构都进行过系统研究，各具特色。企业社会责任评价，与其他评价的不同之处在于：一是侧重于绩效，而非理念、战略、管理，主要把对股东、员工和社会的直接可计量贡献作为评价核心指标；二是区分历史和未来，把人均税收、人均收入、净资产收益率（ROE）和就业等作为社会责任的历史指标，把研发强度（研发费用/营业收入）作为社会责任的未来指标，并赋予其较高权重；三是不把上市公司社会责任报告本身作为评价指标，这是因为社会责任报告不是强制信息披露，而且社会责任报告总体披露比例较低、质量较差、客观性不足；四是由于 ESG 的环境、社会、公司治理三个维度都有交集，因此和单纯的社会责任评价不同，需要避免重复。例如环境责任评价涉及的各相关因素，就不再纳入 ESG 评价的社会责任部分。

在数据信息来源方面，试图把握 3 点原则：一是在社会责任报告不够翔实、全面、可靠、可比的情况下，从反映企业社会责任的本质因素出发，不囿于现有的社会责任报告披露信息；二是鉴于财务报告的一些指标数据能够反映企业社会责任的实质，重要性和可比性较高，经过审计真实性有保障，因此以财报数据为主，将其作为评价指标；三是拓展外部数据和信息来源，引入政府数据和其他机构数据，形成一种涵盖企业自身、行业和市场、政府包括监管部门乃至全社会评价的社会责任评价。

在社会责任评价指标的选取方面，把握 3 点原则：一是选取重要指标，简化指标数量，避免指标过多，权重分散，造成次要指标和不可靠指标对整体评价效果的干扰；二是正面指标和负面指标相结合，以正面指标为主，负面指标作为降档指标，通过负面指标增加区分度，对关键因素实行“一票否决”；三是定量指标和定性指标相结合，定量指标主要是财务报告指标和社会责任报告中的可计量、可比较指标，定性指标主要是社会责任报告中

社会责任相关的描述性指标。定量指标为主，作为关键指标和评价基础；定性指标为辅，作为调整指标。

2. 指标体系

社会责任评价指标体系的构建，主要根据上市公司的不同利益相关者，分为股东、员工、客户和消费者、上下游关系和债权人、同行和社会 6 项一级指标。在一级指标项下再设若干二级指标（表 7-2）。考虑到安全和信用的重要性，单独再设两项一级指标。一级指标“安全”项下细分为公众健康安全、生产安全和公共安全 3 项二级指标。一级指标“企业信用”项下主要反映政府信用信息（其他上市公司信用信息已反映在上下游关系和债权人项下），细分为发展改革委失信名单、诉讼、政府行政处罚 3 项二级指标。

表 7-2 公司社会责任评价指标体系

一级指标	二级指标	指标说明
股东	净资产收益率（ROE）	报告期净利润/期末净资产
员工	员工人均收入	应付职工薪酬（本年增加）/员工人数
	员工培训	员工培训时间、人数及投入资金情况
	员工申诉	员工申诉率和申诉处理情况
	雇佣关系	劳动合同签订率 “五险一金”覆盖率
客户和消费者	客户满意度	客户对产品和服务的满意度
	客户投诉率	客户对产品和服务的投诉比例
	隐私保护	客户信息管理体系是否健全；是否发生泄露消费者信息事故
上下游关系和债权人	债务违约	公募债券违约或贷款、信托产品违约
	合同违约率	诉讼仲裁判定负有责任的合同违约的比例
	应收账款周转率	营业收入/［（期初应收账款净额+期末应收账款净额）/2］
	应付账款周转率	营业成本/［（期初应付账款+期末应付账款）/2］
同行	公平竞争	是否有违法公平竞争行为或被处罚
社会	人均税收	（税金及附加＋所得税）/员工收入
	就业	员工人数
	研发强度	研发费用/营业收入
	公益	公益支出、捐赠、扶贫、支教、志愿者活动
安全	公众健康安全	是否发生危害客户和消费者健康的重大产品安全事故
	生产安全	是否发生员工伤亡和重大财产损失事故
	公共安全	是否发生危害公共安全的重大事故（包括环境污染事故）
企业信用	发展改革委失信名单	被列入失信被执行人名单、重大税收违法案件当事人名单、政府采购严重违法失信名单
	诉讼	法院作出终审判决或裁定需承担责任的
	政府行政处罚	受到政府有关部门处罚，除金融监管部门外，包括但不限于：发改、生态环境、食药监、物价、安监、税务、财政、工商等

3. 评价方法

由于数据的可得性和重要性不同，所以对评价指标体系中的不同指标采用不同的处理方式。将所有指标分为关键指标、调整指标和负面指标，以体现重点，避免重复，更好地利用不同覆盖面的数据，增强比较的公平性。

关键指标为数据完整且代表性高的核心指标，包括人均税收、就业、ROE、员工人均收入、研发强度等，主要来自上市公司财务报告。对关键指标分别赋权加总得到社会责任指数。对指标数据进行归一化处理避免不同指标绝对值大小差异和分布差异对整体指数的干扰。

调整指标为重要性稍低、直接可比性稍弱或只有部分上市公司有披露的指标，包括公益支出、员工培训、员工申诉、客户满意度、客户投诉率、隐私保护、雇佣关系等，其中少数为定量指标，多数为定性指标，来自上市公司社会责任报告及其他来源。对调整指标进行统一的赋值量化，并设定较关键指标为低的权重后进行加总，作为加减分项，进一步调整社会责任指数。

根据关键指标和调整指标计算得到上市公司社会责任的初步评价结果。按一定比例进行排序分档，共分为 4 档："A" 优秀、"B" 良好、"C" 合格、"D" 关注。

负面指标包括安全和企业信用指标等，来自政府等多个渠道。运用负面指标对前两类指标结算得到的评价结果进行不同程度的降档处理，确定最终的评价结果。

（三）公司治理责任（G）评价体系构建及应用

当前，国内外关于上市公司治理责任评价的研究很多，不同评价系统各有分类方式和侧重点，或是看重外部力量的影响，或是以股东主权为核心，或是以董事会治理为重点等。评价指标体系多从信息披露、中小股东的利益保护、上市公司独立性、董事会独立性以及监事会参与治理、高管薪酬等维度展开，指标多达数十个甚至过百个。事实上，由于公司治理和公司治理责任评价日趋复杂，大量指标的采用使得评价结果的差异性大、任意性强，并不能真实全面反映上市公司治理状况。因此，在选取公司治理责任相关评价指标时，应跳出传统公司治理责任指标体系的束缚，尽量选取最有代表性和最能反映现实问题的指标，以提高评价的有效性。

1. 主要指标及其设计思路

（1）公司战略管理

不同规模、不同行业、不同时期的上市公司战略千差万别，会直接影响企业的公司治理情况。因此，从国际、国内机构投资者的投资实践、交易所规范的相关要求以及未来的发展趋势等角度出发，重点关注企业战略中是否考虑了新发展理念、社会责任、可持续发展或 ESG 等因素。这些因素应该成为上市公司需要重点关注的发展机会或者潜在风险，而不仅是为了满足监管的要求。此外，关注上市公司是否设立战略委员会，其是否能够在公司长期发展战略、重大投资决策的研究、实施中发挥作用。

（2）公司治理结果

目前，我国上市公司存在较为普遍的治理失灵和中小投资者保护失灵问题，其症结与股东中心主义、股东—董事会—管理层委托代理机制失灵相关，由此带来比较严重的战略不稳定、操纵股价、利益输送和财务造假等问题。因此，应重点关注公司治理是否最终达成利益相关者的共同治理目标，而不是仅考虑股东利益的最大化。考虑到职工、客户、社区等部分归于社会价值部分，本部分的评价主要从股东、管理层、债权人的制衡入手。从结构上看，如果这些利益主体间的制衡是有效的，那么最终的利益分配是能达到或接近边际上风险回报相等的程度。因此，引入“现金分红率”、“资本回报率”（ROIC）、“利息保障倍数”3 个指标，综合权衡公司治理成果。当公司投资资本回报率高、具有良好的未来发展前景时（高 ROIC），可以减少现金分红比例，将更大的收益用于再投资；而公司未来前景较平稳，或者缺少高回报投资机会，则应将更多的回报用于现金分红，以由投资者（中小股东）自行决定投资方向。当公司现金流状况较好且未来有较好回报时，应增加负债，减少利息保障倍数，扩大杠杆以获得更高的资本回报；否则应减少财务杠杆的使用。综上所述，在评价体系中将现金分红率、资本回报率、利息保障倍数 3 个指标汇总为“公司治理结果”这一综合指标综合反映上述权衡。

（3）公司治理异常

在关注公司治理是否达成利益相关者共同治理要求的同时，还应重点关注公司战略实施过程中容易导致利益冲突、脆弱性、不稳定性的异常指标，包括是否存在大股东变现、高管变动、非经常性损益过高、关联交易、控制权变更等。选取大股东变现（增持减持的合并数）、非经常性损益比例（绝对值）、高管离职率、高管变现（增持减持的合并数）、控制权变更、关联交易情况 6 个考察指标，反映上市公司治理的异常。值得注意的是，此部分指标量化得分较低的公司，并不意味着公司一定出现了问题，只是提示该上市公司在这些方面表现出异常，需要投资人或其他利益相关方重点关注，以作进一步分析。

（4）公司治理外部监督

关注上市公司的外部监督结果，包括上市公司违规被处罚情况、信息披露情况和外部审计意见。鉴于考察对象是上市公司，因此大部分公司在公司治理形式的满足方面差别不大，如股东大会的规范度、董事任免程序是否合规、独立董事个数等。但如若连形式上都不满足，则没有评价的必要。因此，对被中国证监会、上海证券交易所、深圳证券交易所等部门开过罚单的上市公司实行一票否决。此外，关注交易所信息披露评价等级和财务报告审计意见，鼓励充分有效的信息披露和外部审计监督（表 7-3）。

表 7-3 公司治理责任评价指标体系

一级指标	二级指标	指标说明
公司战略管理	宏观战略理念	重点考察公司战略中是否包含了新发展理念、企业可持续发展、社会责任、ESG 等相关因素
	战略委员会	重点考察战略委员会的设立、作用等
公司治理结果	现金分红率	每股现金分红额/每股利润，衡量对投资者（中小股东）的回报能力
	资本回报率（ROIC）	衡量公司的发展前景、管理层的盈利能力
	利息保障倍数	息税前利润/利息费用，衡量公司财务杠杆、对债权人债务偿付能力
公司治理异常	大股东变现（增持减持的合并数）	公司大股东过去 12 个月的变现情况，考察利益冲突情况
	高管变现（增持减持的合并数）	公司高管过去 12 个月的变现情况，考察利益冲突情况
	高管离职率	离职人数/当年经理人数，考察管理层的稳定性
	关联交易情况	大股东关联交易占收入和成本比例，考察利益冲突情况
	非经常性损益比例	考察主营业务能力，重点关注会对上市公司经营造成不稳定预期、仅带来一次性收益等行为
	控制权变更情况	上市公司控制权变动容易导致上市公司治理不稳定
公司治理外部监督	违规情况	对被上海证券交易所、深圳证券交易所开过罚单的上市公司实行一票否决
	信息披露	根据上海证券交易所、深圳证券交易所信息披露评价的 A、B、C、D 四类结果，考察公司治理信息披露质量
	年报审计意见	关注上市公司财务造假问题，借助外部监督改善财务质量

2. 评价方法

第一，对部分指标采取排序赋值并标准化（归一化）的方法，以避免基础数值差异过大导致评价结果不准确，特别是容易出现某一个指标值对公司整体评价结果的放大影响，偏离评价初衷。

第二，使用层次分析法计算部分二级指标的权重。

第三，使用专家打分法确定一级指标的权重。

第四，根据总得分情况确定所考察上市公司评价等级，分为 A、B、C、D 四类等级，“A”为优秀类；“B”为正常类；“C”为关注类；“D”为不合格类。

任务二　企业 ESG 建设分析训练

案例分析：阿里巴巴发布 2022 ESG 报告：聚焦三大板块关注七个方向

2022 年 8 月 29 日，阿里巴巴集团正式发布《2022 阿里巴巴环境、社会和治理报告（Environmental Social and Governance Report）》（以下简称 ESG 报告），展现了对于环境、均衡发展、企业治理等一系列问题的思考与行动。

ESG 报告共涵盖“修复绿色星球”“支持员工发展”“服务可持续的美好生活”“助力中小微企业高质量发展”“助力社会包容和韧性”“推动人人参与的公益”“构建信任”7 个方向。

在环境领域，阿里巴巴的关注点从减碳扩展到“绿水青山”。2022 财年期间，阿里巴巴通过能源结构转型减碳 619 944 t，阿里云使用的 21.6%的电力来自清洁能源。

在服务可持续的美好生活方面，阿里巴巴致力于为欠发达地区和数字弱势群体带去更包容普惠的消费体验。2022 财年，新增年度活跃消费者中超 70%来自低线城市和农村。截至 2022 财年末，菜鸟在全国建设了 1 000 多个县级共配中心并覆盖 400 多个脱贫县，及 5 万多个乡镇和村级物流站点。

在助力中小微企业高质量发展上，阿里巴巴致力于用科技提供门槛更低的数字化工具。在 2022 财年，阿里巴巴技术相关领域投入历史性地超 1 200 亿元。

数字技术也在助力提升社会包容和韧性，为应对突发灾害提供缓冲。2020 年汛期，达摩院快速研发上线雷达影像（SAR）水体提取模型，开展洪涝灾害发展情况监测分析，先后支持江西、安徽重点区域洪涝灾害监测工作。自 2020 年以来，菜鸟协同 50 多家全球物流服务商，向超 150 个国家和地区运输超 2.6 亿元医疗相关物资。

在公益方面，阿里巴巴坚持“人人公益”。2022 财年“新 100 计划”共支持 49 家公益组织共计 85 个优秀项目；员工自发建立的技术志愿服务平台“码上公益”，共有 6 000 多名爱心极客参与，为入驻的超过 330 家公益机构提供帮助。

在治理层面，阿里巴巴建立三层可持续发展治理架构，将 ESG 嵌入董事会、高级管理层、集团及各业务单元，为践行 ESG 行动提供了长期组织保障。近期又成立了风险管理委员会和科技伦理委员会，每个业务部门都设有“个人信息保护官”，保证隐私保护和数据安全水平处于行业领先地位。

报告认为，平台公司是开展 ESG 行动的重要载体，平台上天然活跃着众多生态参与者，汇聚平台之力，可以放大社会善意。2022 财年，淘宝天猫上超过 220 万商家和 5 亿消费者一起通过“公益宝贝”项目参与公益捐赠；阿里巴巴与公安部共同打造儿童失踪信息紧急发布平台“团圆系统”，6 年间共发布 5 038 条儿童失踪信息，联动社会各界，成功找回 4 960 个孩子。

报告也展现出，ESG 行动本土化进程在加速，呈现出与国内重大议题紧密结合的趋势。从 2019 年起，阿里巴巴先后派出 27 位“乡村振兴特派员”扎根农村；2021 年，832 个脱贫县在阿里巴巴平台销售额达 1 281 亿元；阿里健康的医疗助力培训了 7 万多人次县级医院医生。

过去的阿里巴巴，已经在技术、市场、规模和资本方面建立了自己的护城河，创造并把握了数字经济时代和中国经济高速增长带来的巨大机遇。

未来的阿里巴巴将把时代价值观渗透到整个组织，并继续强大价值创造能力。这既是阿里巴巴的增长机遇，也是阿里巴巴的长期主义。

世界是多变的，价值是永恒的。越是在不确定性陡增的时代，越要积极寻求真正有价值的变化。追求成为一家活 102 年的好公司，是一个横跨三个世纪的伟大愿景。而阿里巴巴或许已经找到了面向未来、成就伟大的重要基石。

图 7-4　阿里巴巴 2022 ESG 报告封面

资料来源：

阿里巴巴发布 2022 ESG 报告：聚焦三大板块关注七个方向—经济 · 科技—人民网（people.com.cn），http: //finance.people.com.cn/n1/2022/0829/c1004-32514079.html。

分析训练：

1．试分析阿里巴巴的发展前景以及企业的 ESG 建设情况？

2．试评价阿里巴巴 ESG 建设的成果如何？是否有助于其他企业进行借鉴？

任务三　构建企业 ESG 评价体系实训

1．实训目标

（1）掌握 ESG 的评价方法。

（2）掌握 ESG 评价体系设计的整体思路。

2．内容与要求

（1）主要内容：企美的“绿色有机”成功之路。

在消费升级力量的推动下，加之全民健康安全意识的增强，有机产品应运而生。特别是为保障消费者舌尖安全的有机食品，越来越受到公众喜爱。据统计，我国有机食品消费市场正以每 25%的速度增长。

早在 1999 年，为生产有机产品，在一片无污染的沙荒地上成立起来的企美实业集团有限公司（以下简称企美公司）就树立了“以食品安全为己任、以环境保护为使命”的企业宗旨，致力于打造有机闭合大产业。多年来，在国内外专家指导下，企美团队和农户通过不懈努力、辛勤耕耘，发展成为集有机农产品种植、有机农产品加工、有机养殖、有机肥生产于一体的有机闭合大产业。公司拥有种养基地 32 000 亩，年产 37 000 t 有机速冻、冻干产品加工厂，是河北省较早出口有机速冻、冻干果蔬企业，农业产业化国家重点龙头企业，美国速冻协会会员单位，美国优质食品协会会员单位，国际有机农业运动联盟（IFOAM）会员单位，是 2008 年北京奥运会餐饮直供企业。

公司有机生产基地和加工厂连续多年均取得美国农业部 NOP、加拿大 COR、欧盟 EU、日本 JAS 有机认证证书和中国 OFDC 认证机构颁发的有机认证证书；加工厂同时连续多年取得美国 KOF-K 犹太 KOSHER 认证证书和英国食品安全全球标准 BRC 认证证书。获得中国质量认证中心颁发的 HACCP 体系认证证书、ISO 9001 质量管理体系认证证书、ISO 22000 食品安全管理体系认证证书。

企美公司为保证有机产业健康发展，设立了基地部、生产部、品管部等 12 个部门，各部门分工明细，紧密合作，组建成为企美善良而幸福的团队。公司品管部严格按照国际有机标准，对公司所有有机产品从种源、育苗、种植、运输、加工、库存、销售等有机产业生产环节进行全程监管和检测，建立了完善的有机产品质量可追溯体系，保证了企美有机产品的安全品质。公司已将保鲜类、速冻类、冻干类、杂粮类、禽蛋类五大系列 127 种有机产品呈现给欧洲、北美、日本、韩国等 37 个国家和地区的消费者。实现了为全球消费者生产供应一桌丰盛有机餐的梦想。

2008 年，企美公司凭借安全、安心的有机产品品质，在激烈的竞争中，成为 2008 年北京奥运会餐饮直供企业。作为取得国际有机认证的企业，2008 年 7 月 30 日，CCTV-1 晚 7 点《新闻联播》 以“奥运带动中国农业，牵手世界高标准”为题，给予了头条报道。成功供奥使企美有机食品的安全品质得到多方位传播，国内外订单纷至沓来。为满足国内外消费者对有机产品的需求，公司扩展了有机产业的建设。企美有机产品加工园占地 350 亩，是通往国内外市场的桥梁和纽带，是企美有机闭合大产业的龙头。加工园统筹布局了生产、加工、研发、示范、服务等功能板块，聚集了现代科技要素。内设有机速冻果蔬加工厂、有机冻干果蔬加工厂、有机面点加工厂、有机产品科技大厦、有机产品展厅、有机餐厅、有机休闲食品加工厂、有机饲料加工厂、有机杂粮加工厂、有机面粉加工厂、有机酿造加工厂、有机食用油加工厂、有机产品超市等符合欧美有机加工标准的单元。有机加工园项目全部投产后，将带动 30 万个农户通过 130 万亩有机农产品种植年增收 13 亿元，使 130 万亩具备做有机种养的土地，因有机种养重获健康，为全球消费者年产 56 万 t 更加丰富的有机食品，为 755 余人提供就业岗位。

图 7-5　企美有机蔬菜包装设计

资料来源：

1．河北企美农业科技有限公司_中国干部网（cnganbu.cn），http：//www.cnganbu.cn/fd/view？id=41。

2．永年：企美公司荣获全国农业企业蔬菜类优秀企业品牌_邯郸新闻云（hdbs.cn），http：//www.hdbs.cn/pcjd/p/82842.html。

（2）实训要求：实训小组结合上述企业资料，进一步深入了解企业的市场、行业背景、绿色营销战略实施情况，为企业设计一套 ESG 评价指标体系，并提交书面报告（3 000 字以上）。

3．组织与实施

（1）以项目团队为学习小组，选出项目负责人。

（2）明确组内任务及分工。

（3）小组成果展示介绍（包括组内成员的工作态度、组内合作程度、工作流程、成果质量的评价）（每组 4～5 分钟）。

4．评价与总结

（1）各项目团队根据实训内容进行讨论。

（2）各项目团队根据讨论结果撰写并提交实训报告。

（3）授课教师针对各组实训情况进行评价。

参考文献

安妮·T. 科兰，埃林·安德森，路易斯·W. 斯特恩. 营销渠道[M]. 蒋青云，王彦雯，顾浩东，等译. 7版. 北京：中国人民大学出版社，2008.

毕思勇. 市场营销[M]. 4 版. 北京：高等教育出版社，2018.

陈建中，等. 营销策划文案写作指要[M]. 北京：中国经济出版社，2011.

池丽华 . 市场营销学[M]. 上海：立信会计出版社，2011.

崔晓晖. 助推食品餐饮企业更好发展[J]. 北京观察，2020（6）：49.

杜欢政，黎焱鑫，陆莎. ESG 视域下的生态文明评价体系优化研究[J]. 再生资源与循环经济，2022，15（4）：12-14.

方志坚，章金萍. 营销策划实务与实训[M]. 北京：中国人民大学出版社，2011.

菲利普·科特勒，加里·阿姆斯特朗. 市场营销原理[M]. 楼尊，译. 16 版. 北京：中国人民大学出版社，2015.

符莎莉. 市场营销实务：项目导向教程[M]. 北京：电子工业出版社，2010.

何志毅，于勇. 绿色营销发展现状及国内绿色营销的发展途径[J]. 北京大学学报：哲学社会科学版，2004，41（6）：85-93.

洪江涛，陈榴寅，黄沛. 第三方点评网站对餐饮企业品牌形象与消费者行为的影响研究——以大众点评网为例[J]. 财贸经济，2013（10）：108-117.

黄宪仁. 新产品研发与销售[M]. 厦门：厦门大学出版社，2009.

金水. 广告策划创意与案例分析[M]. 北京：经济日报出版社，2015.

酒井隆. 图解市场调查指南[M]. 郑文艺，陈菲，译. 广州：中山大学出版社，2011.

李海娥. 论政府在我国绿色营销发展中的主导作用[J]. 宁波大学学报，2006，28（5）：23-126.

李静江. 企业绿色经营——可持续发展必由之路[M]. 北京：清华大学出版社，2006.

李军，贾玉虎，尤晨. 绿色企业形象的塑造[J]. 徐州教育学院学报，2003（3）：64-65.

李名梁. 我国绿色营销研究：述评及展望[J]. 云南财经大学学报，2010（1）：125-131.

李卓，杨昕怡. 中财绿指施懿宸：企业践行 ESG 应找到成本效益最适点[N]. 每日经济新闻，2022-06-28（3）.

林小兰. 市场营销基础与实务——项目课程教材[M]. 2 版. 北京：电子工业出版社，2018.

刘延隆. 市场营销理论与实务[M]. 上海：上海交通大学出版社，2012.

鲁慧真. 基于中国环境政策变化的韩资企业绿色营销战略研究[D]. 天津：天津大学，2012.

罗杰 • A. 凯林，史蒂文 • W. 哈特利，威廉 • 鲁迪里尔斯. 市场营销[M]. 董伊人，史有春，何健，等译. 北京：世界图书出版公司，2011.

骆品亮. 定价策略[M]. 3 版. 上海：上海财经大学出版社，2013.

尚阳. 营销渠道设计、管理与创新[M]. 北京：中国财富出版社，2011.

孙晓燕. 市场营销[M]. 北京：高等教育出版社，2015.

万后芬. 绿色营销[M]. 2 版. 北京：高等教育出版社，2006.

王峰. 论企业绿色营销[J]. 市场现代化，2007（4）：17-19.

王蕾. 新编市场营销实务[M]. 北京：中国人民大学出版社，2018.

王晓红，栾翔宇，张少鹏. 企业研发投入、ESG 表现与市场价值——企业数字化水平的调节效应[J/OL]. 科学学研究：1-16[2022-07-10].

王允高. 我国企业开展绿色营销困境的经济学解析[J]. 中国商贸，2010（3）：23-24.

威廉 • 阿伦斯，迈克尔 • 维戈尔德，克里斯蒂安 • 阿伦斯. 广告与营销策划[M]. 丁俊杰，程坪，陈志娟，等译.11 版. 北京：人民邮电出版社，2013.

吴彤. 简论“绿色运动”的思想、意义和政治作用[J]. 科学管理研究，1995（4）：58-62.

小卡尔 • 麦克丹尼尔，罗杰 • 盖茨. 当代市场调研[M]. 李桂华，等译. 8 版. 北京：机械工业出版社，2012.

肖润松. 现代市场营销[M]. 北京：高等教育出版社，2018.

熊毅. “绿色营销”理论溯源、实践分析与策略探讨[J]. 商业研究，1999（6）：21-23.

许鹏. 我国企业绿色营销动力机制研究[D]. 开封：河南大学，2012.

张璐. 论绿色企业形象的塑造[D]. 重庆：西南大学，2013.

张沐锡. ESG 渐成企业高质量发展共识[N]. 中国贸易报，2022-06-30（7）.

章金萍，方志坚. 营销策划[M]. 北京：高等教育出版社，2016.

池丽华. 市场营销学[M]. 上海：立信会计出版社，2011.

周宏敏. 市场调研实训教程[M]. 北京：清华大学出版社，2011.

朱华锋. 促销活动策划与执行[M]. 合肥：中国科学技术大学出版社，2013.

路江涌. 图解创新管理经典[M]. 北京：机械工业出版社，2018.

中国基金业协会. 中国上市公司 ESG 评价体系研究报告，2019.